W0319169

# La Fresque Biblique.

## La Colère des Prophètes

# La Fresque Biblique

e Jean Torton et Claude Lamber
Texte établi, présenté et expliqué
par Olivier Cair-Hélion

## La Colère des Prophètes

EDITIONS DU LOMBARD
BRUXELLES — PARIS

# La Fresque Biblique.

## collection dirigée par Michel de Grand Ry

Mise en page : Jean Verscheure et Philippe Biermé

L'éditeur et les auteurs remercient tous ceux qui ont rendu possible la parution de cette collection.
Ils expriment leur gratitude en particulier envers Dominique Bayet, l'Abbé René Berthier,
le Père Robert Caspar, Père blanc d'Afrique, l'Abbé Raphaël Collinet, le Père André Denis, OP,
Jean Desclée de Maredsous, le Frère Roland Francart, SJ, le Pasteur Paul D. Fueter, Eric de Moffarts,
les Pères Jacques Servais, SJ, Tommy Scholtes, SJ, et Claude Sélis, OP,
Pia Valenza, Jean-Pierre Vanhecke et Marcel Vervaet,
qui les ont aidés dans leur entreprise par leurs précieux conseils et encouragements.
Ont également collaboré à la réalisation du présent volume
Gabrielle Vermeersch et Edgard Lateste pour la coordination technique,
Gabriel Dumont pour la correction des textes,
Prosper Cayman pour l'archivage des documents, Photocompo Center, Bruxelles, pour la photocomposition,
New-Look, Bruxelles, pour la photogravure, et Henri Proost, Turnhout, pour l'impression et la reliure.

## Toute la Bible dans les 10 volumes de la *Fresque biblique*

### *Table de répartition des matières*



La Fresque Biblique existe aussi en un concert audio-visuel ainsi qu'en 46 montages audio-visuels
destinés à l'enseignement et réalisés par JPM audiovisuel, rue Baron G. Van Hamme, 36, à 1180 Bruxelles.
Pour toute information, consultez les librairies religieuses et spécialisées ou le réalisateur.

© 1987 by Editions du Lombard, Bruxelles
Tous droits de reproduction, de traduction
et d'adaptation réservés pour tous pays,
y compris l'U.R.S.S.
D.1987/0086/2124

Dépôt légal: Novembre 1987
ISBN.2-8036-0645.3
Imprimé en Belgique par Proost sprl

# Le schisme
## Israël et Juda
## Le pillage de Jérusalem par le pharaon Sésac

Les fautes de Salomon vieillissant rendent son règne insupportable
à toutes les tribus sauf la sienne, Juda.
A sa mort, son Empire se désagrège
et les deux royaumes qui en héritent,
Israël au nord et Juda au sud,
commencent un long déclin politique
qui les amènera l'un, puis l'autre, à disparaître.
Juda, abandonné par Israël, est pillé par les Egyptiens :
toutes les fabuleuses richesses accumulées en vain par Salomon
prennent le chemin du delta du Nil.
Mais le déclin politique de l'ancien Etat hébreu
ne correspond nullement à une décadence religieuse.
Si, d'emblée, les mœurs de beaucoup se relâchent
et si des cultes étrangers envahissent les deux royaumes,
une poignée de croyants fervents purifient leur foi en Dieu
et préparent l'ère des grands prophètes.

Un jour qu'il inspectait les grands travaux qu'il avait entrepris à Jérusalem, Salomon remarqua un jeune homme intelligent et travailleur. Celui-ci s'appelait Jéroboam. Salomon le nomma préfet des corvées d'Ephraïm et Manassé.

Quelques jours après, dans la campagne, Jéroboam rencontra le prophète Ahias de Silo. Ahias lui dit aussitôt: «Parole du Seigneur, Dieu d'Israël: *Salomon s'est détourné de moi; je lui arrache sa royauté!*» Ahias enleva son superbe manteau, qui était tout neuf encore et, devant le jeune homme sidéré, le déchira en morceaux; puis il dit: «Toi, Jéroboam, prends-en dix morceaux. Car Dieu te donne dix des tribus d'Israël. Quant aux deux tribus restantes, elles resteront au fils de Jessé *car, à cause de ma promesse à David, je maintiendrai sa descendance sur le trône d'une des douze tribus d'Israël; je maintiendrai la royauté de David sur Jérusalem, la ville que je me suis choisie.* Et toi, Jéroboam, si tu ne te détournes pas de la Loi, Dieu maintiendra aussi ta royauté. Parole du Seigneur.»

Alors, Jéroboam tenta de soulever tout le pays contre Salomon, qui l'écrasait d'impôts et de corvées. Mais le roi l'apprit, et essaya de le tuer. Jéroboam s'enfuit en Egypte, auprès du pharaon Sésac.

Salomon mourut. On l'enterra dans la Cité de David, son père.

Roboam, son fils, se rendit à Sichem pour y être proclamé roi de tout Israël. Mais on envoya chercher Jéroboam en Egypte. Au moment où on allait proclamer Roboam roi de tout Israël, Jéroboam arriva avec ses partisans, et demanda: «Fils de Salomon, allégeras-tu le joug que ton père nous a imposé?»

Surpris, Roboam renvoya l'assemblée en disant: «Revenez dans trois jours, et je vous dirai ce que le roi d'Israël a décidé pour vos impôts et vos corvées.» Il demanda leur avis aux gens de son entourage. Les conseillers de son père lui suggérèrent: «Que les fils d'Israël voient que tu les sers, et ils te serviront.» Mais les jeunes princes qui avaient grandi avec lui à la cour lui affirmèrent: «Ne leur accorde rien, sinon ils ne te craindront plus et te prendront tout.»

A la nouvelle assemblée, face au peuple, Roboam déclara: «Mon père n'était rien à côté de moi! Salomon a fait peser sur vous un joug pesant; le mien sera écrasant! Oui! Il vous dirigeait au fouet, moi je vous dirigerai à la lanière à clous!»

Les partisans de Jéroboam s'écrièrent: «Qu'avons-nous à faire avec la dynastie de Jessé? A tes tentes, Israël!» L'assemblée allait se saisir de Roboam, mais il réussit à monter sur son char et à regagner Jérusalem. Les dix tribus du Nord acclamèrent Jéroboam comme roi d'Israël. Roboam ne maintint sa royauté que sur Juda et sur Benjamin.

Il déclara aussitôt la guerre à Jéroboam et s'apprêta à marcher sur Sichem à la tête des chars de son père, mais le prophète Sémaïas lui dit: «Parole du Seigneur, Dieu d'Israël: *Ne combattez pas vos frères, fils d'Israël; c'est moi qui ai déchiré l'héritage de David!*» Roboam n'osa pas désobéir à Dieu.

Et il y eut deux royaumes: Israël, au nord, et Juda, au sud, avec Jérusalem.
(1 Rois 11-26-43 et 12. 1-24)

## Ephraïm et Manassé ; Silo

Jéroboam est de la tribu d'Ephraïm (voir *1 Rois 11. 26*), une des deux tribus « de Joseph », puisque, selon *Genèse 46. 20*, Joseph, le fils de Jacob vendu par ses frères, eut deux fils : Ephraïm et Manassé. Au cours des siècles, les descendants d'Ephraïm devinrent une des tribus les plus nombreuses et les plus puissantes d'Israël. Lors de la répartition du territoire aux douze tribus par Josué, Ephraïm reçut la partie centrale du pays, la plus riche ; elle comprenait notamment Silo et Sichem, et quatre siècles plus tard c'est sur une de ses collines que s'élèvera Samarie (voir p. 730).

Et même, à partir du schisme (voir pp. suivantes), Ephraïm devint si prépondérant dans les dix tribus du Nord qu'il devint fréquent d'appeler ce royaume, non pas *Israël* (son nom officiel), mais *Ephraïm*! Il n'y a guère de doute que Jéroboam dut une partie de son ascendant sur ses compatriotes à son origine éphraïmite.

L'existence d'un prophète Ahias « de Silo » semble indiquer que cette ville, le premier centre religieux des douze tribus (voir pp. 506-507), garda longtemps un certain rôle dans le culte d'Israël.

## Le manteau d'Ahias

Ahias (ou *Ahiya*, « Yahvé est [mon] frère ») intervient à deux reprises dans la vie de Jéroboam. Une première fois ici, pour lui prédire son règne, et une seconde fois *(1 Rois 14. 2-18)* pour lui annoncer le châtiment de son péché : la mort de son fils et l'extermination de sa dynastie.

Le sens de l'épisode — réel, inventé ? — du manteau déchiré est celui même qu'indique Ahias. Le superbe manteau neuf, c'est Israël : Israël est un royaume tout jeune encore (la royauté ne remonte qu'à Saül et, pratiquement, à David, le père de l'actuel roi Salomon) et dont pourtant l'éclat est extraordinaire. Ce merveilleux royaume apparemment destiné à une histoire grandiose va être « déchiré » irrémédiablement un siècle à peine après sa fondation. Voir ci-après.

Conformément à la promesse de Dieu lui-même à Salomon (voir pp. 704-705), Ahias annonce à Jéroboam qu'il n'arrivera pas à imposer sa royauté à Jérusalem.

## Jéroboam

*Jéroboam*, « Que la nation se multiplie », semble avoir été, presque dès le début, indigne de la faveur divine. Alors qu'Ahias lui promet la royauté sur les dix tribus du Nord, il s'apprête à s'emparer de la totalité des douze tribus. Pour combattre Juda, il semble avoir fait alliance avec l'Egypte de Sésac (voir pp. 724-727).

Surtout, roi, Jéroboam (931-910 av. JC) trahit le Dieu qui lui a prophétisé sa royauté : en réalité, il apparaît comme un homme sans foi, qui se sert de la religion pour arriver à ses fins.

## Sichem

Très ancienne ville dans l'histoire cultuelle des Hébreux — c'est là que Josué fait célébrer l'Alliance de son peuple avec Dieu (voir pp. 390 et 406-407) — Sichem semble avoir, comme Silo, conservé un certain rôle politico-religieux jusqu'au xᵉ siècle av. JC. Peut-être, au temps de Roboam et de Jéroboam, apparaît-elle encore comme la première ville du Nord ; elle en sera la première capitale. Cela y expliquerait la convocation de l'assemblée.

## Schisme

En grec, ce terme signifie « déchirure » ; on utilise ce mot pour désigner la *déchirure* du royaume de Salomon en deux pays distincts et, dans l'histoire de l'Eglise, pour désigner les divisions sans contenu doctrinal « hérétique » (comme, par exemple, entre orthodoxes, catholiques et anglicans).

**Sémaïas** : voir pp. 726-727

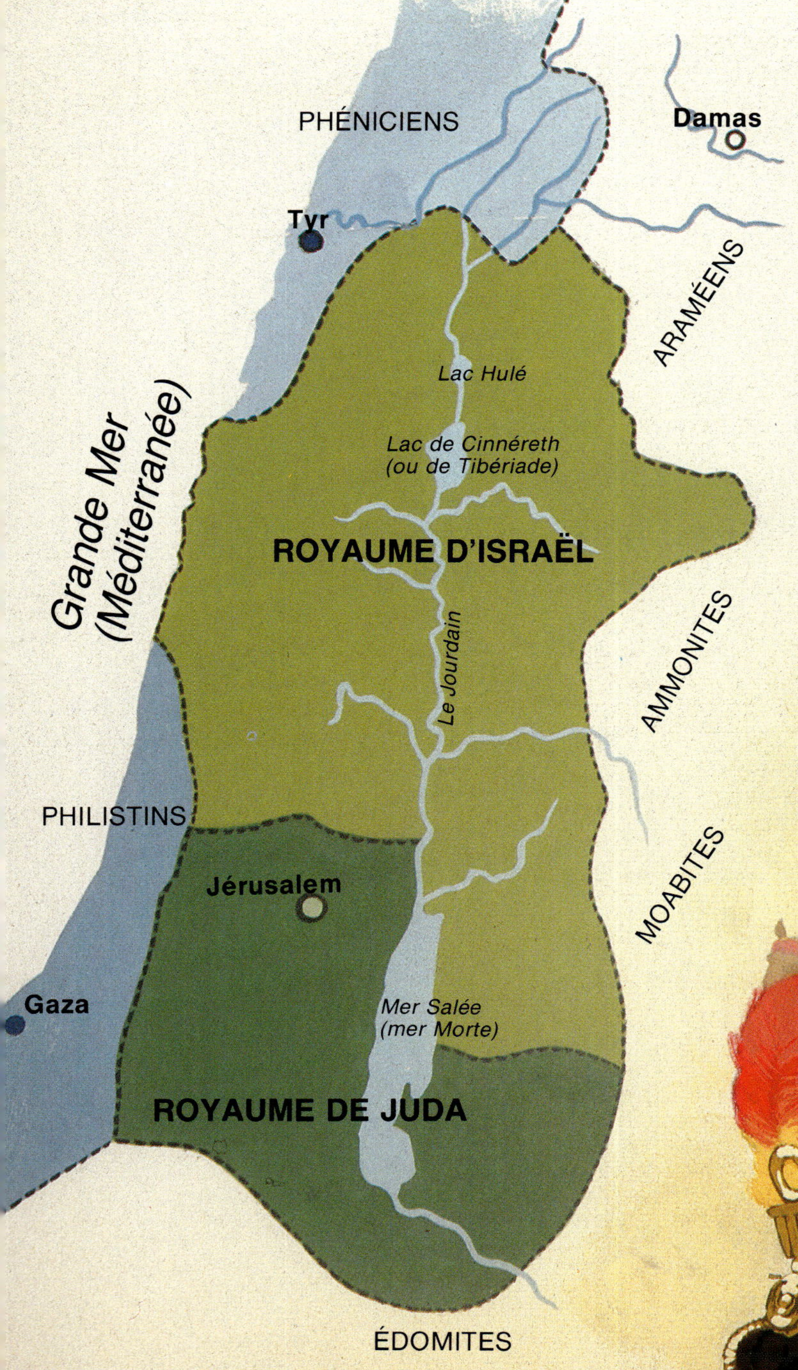


Seulement, du pays tout entier, le peuple continuait de monter à Jérusalem pour prier Dieu. Jéroboam, furieux et inquiet, interdit à ses sujets d'aller dans la capitale de son ennemi. Alors, les lévites et beaucoup de gens pieux d'Israël s'installèrent en Juda.

Jéroboam riposta en nommant comme prêtres des gens qui n'étaient pas de la tribu de Lévi. Et il fit sculpter deux statues qu'il plaça, l'une à Dan, l'autre à Béthel, en disant : « Voici tes Dieux, Israël, qui t'ont fait sortir d'Egypte ! » Il inventa des fêtes et il offrit lui-même des sacrifices.

Roboam devint puissant. Il désobéit à Dieu. La cinquième année de son règne, Sésac monta contre lui avec mille deux cents chars et une armée innombrable d'Egyptiens, de Libyens et d'Ethiopiens.

(2 Chroniques 11. 12-17 et 12. 1-3
et 1 Rois 12. 26-33)

## Sésac, le premier pharaon «libyen»

Sésac, ou Chéchonq (950-929), est le premier pharaon que la Bible appelle par son nom. Il est aujourd'hui bien connu des égyptologues. C'était un prince méchouech (ou machaouacha), c'est-à-dire vraisemblablement un descendant des guerriers «grecs» qui avaient envahi l'Egypte, deux siècles et demi auparavant, sous le nom de Peuples de la Mer, et qui avaient été refoulés en Libye par Ramsès III (voir p. 484). En 950, Sésac, dont la famille s'est déjà installée depuis sans doute quelques générations dans le delta du Nil, s'empare du pouvoir impérial, fonde une nouvelle dynastie — la 22e — et règne sur toute l'Egypte à partir de sa nouvelle capitale, Bubastis ou *Poubastêt*, «Maison [de la déesse-chatte] Bastêt». Et vers 926 il mène une expédition en Palestine. Les documents égyptiens attestent qu'il prit bien Jérusalem, ainsi d'ailleurs que plus de 150 villes de tout le pays; un bas-relief du temple de Karnak en montre le pillage.

Etant lui-même d'origine libyenne — au moins géographiquement — il n'est pas étonnant que son armée ait compté des soldats libyens; et l'on sait qu'il y avait, à cette époque, pas mal de guerriers «éthiopiens» (sans doute *nubiens*, ou soudanais) dans les troupes des pharaons.

Sémaïas dit à Roboam : « Parole du Seigneur, Dieu d'Israël : *Tu t'es détourné de moi ; je me détourne de toi et te livre à Sésac.* »

Mais Roboam se repentit de ses fautes et implora de Dieu son pardon. Sémaïas lui dit : « Ta royauté ne sera pas détruite. Mais tu vas voir que le joug de Dieu est moins lourd que celui des hommes. »

Roboam ne résista pas à l'armée du pharaon. Sésac entra dans Jérusalem et dit : « Ne détruisez rien. Mais prenez tout. Pillez le temple et le palais. »

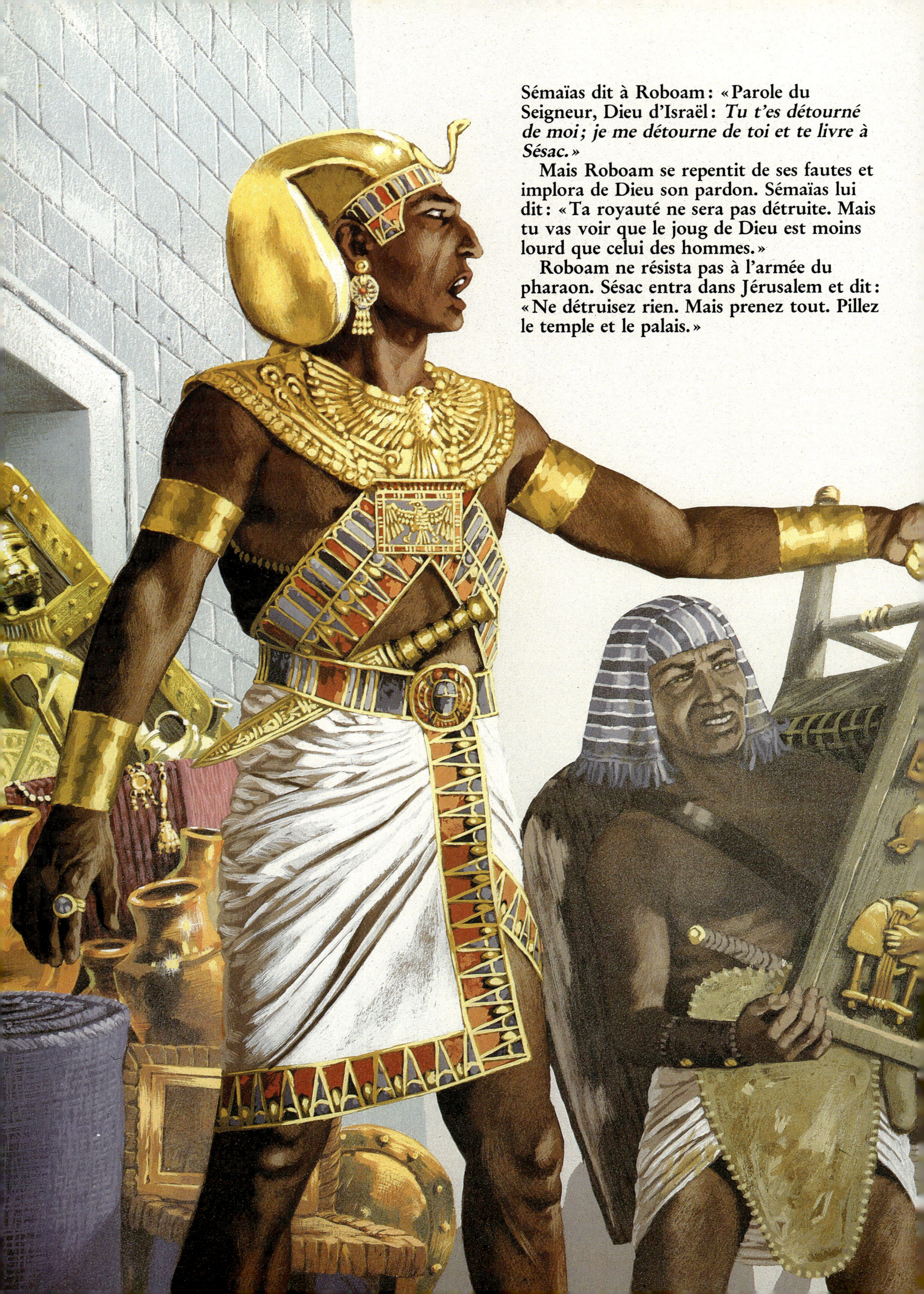

**Le pharaon prit même les boucliers d'or que Salomon avait faits. Puis il rentra dans son pays, et Roboam retrouva sa capitale intacte mais vidée de tous ses trésors.**
(2 Chroniques 12. 5-12)

### Sémaïas et l'annonce du temps des prophètes

Le prophète Sémaïas ou *Chémaya*, « Dieu [m'] a entendu », n'est connu que par deux courts extraits de la Bible, *1 Rois 12. 22-24* et *2 Chroniques 12. 5-7*. Ces passages sont ceux-là mêmes qui le présentent dans les pages qui précèdent : on le voit interdire à Roboam d'attaquer Jéroboam et, quelques années après, inviter Roboam à se repentir de ses fautes pour éviter la destruction de son royaume par le pharaon Sésac.

La Bible appelle Sémaïas prophète ou « homme de Dieu », et ces deux attitudes semblent en effet annoncer celle des grands prophètes d'Israël qui vont bientôt apparaître, tant dans le royaume du Nord que dans celui du Sud, Juda.

PHÉNICIENS
ARAMÉENS
ROYAUME D'ISRAËL
AMMONITES
Samarie
PHILISTINS
Jérusalem
ROYAUME DE JUDA
MOABITES
ÉGYPTIENS
ÉDOMITES

**Puis ce fut la guerre entre Jéroboam et Roboam. Puis Roboam mourut, et son fils Abia lui succéda : tant en Israël qu'en Juda le culte des idoles recommença, avec tous leurs abominables sacrifices et même la prostitution sacrée.**

**Mais Abia mourut bientôt et son fils Asa, qui lui succéda sur le trône de Jérusalem, supprima les idoles et rétablit le culte du vrai Dieu : il fit ce qui est bien aux yeux de Dieu, et Juda battit ses ennemis puis resta en paix pendant quarante ans.**

**En Israël, après la mort de Jéroboam, son fils Nadab lui succéda ; comme son père, Nadab fit ce qui est mal aux yeux de Dieu. Il fut poignardé par Baésa, qui extermina tous les descendants de Jéroboam. Baésa fit ce qui est mal aux yeux de Dieu ; son fils Ela, qui lui succéda, fut poignardé par Zimri, qui extermina tous les descendants de Baésa.**

**Zimri était un des officiers des chars d'Ela ; c'est à Thircé, la nouvelle capitale d'Israël — la précédente était Sichem — qu'il poignarda Ela. L'armée d'Israël était en train d'assiéger une ville des Philistins, Guibéthon. Les soldats apprirent la conspiration de Zimri, qu'ils détestaient, et ils proclamèrent roi leur général, Omri. Omri leva le siège de Guibéthon et marcha sur Thircé. Assiégé à son tour, Zimri se réfugia dans la plus haute tour du palais royal. Quand il vit que la ville était prise, pour ne pas tomber vivant aux mains de ses ennemis, il mit lui-même le feu à la tour et mourut.**

**Il n'avait régné que sept jours...**

(1 Rois 14. 30, 15. 1-34 et 16. 8-18)

### Israël et Juda : la réalité historique...

Les tribus du Nord supportaient sans doute assez mal depuis longtemps — dès le règne de David, en tout cas — la prépondérance de la puissante tribu de Juda. La maladresse de Roboam est pour elles une occasion de se rebeller contre l'autorité de Jérusalem. Mais cet acte simplement politique au départ ne manquera pas d'avoir, rapidement, de graves conséquences religieuses, dont la Bible rend clairement compte et dont nous expliquerons l'essentiel ci-dessous.

Historiquement, les dix tribus du Nord forment alors un royaume hétéroclite, changeant plusieurs fois de capitale, et subissant une succession dramatique de dix-neuf rois de la fondation du royaume (931) à sa destruction (722) : la durée moyenne d'un règne n'y est donc que de onze ans. De 798 à 743, Israël connaît pourtant son heure de gloire, et son Empire peut soutenir la comparaison avec celui de Salomon, tant du point de vue politique que du point de vue culturel. Sa population compte alors 800 000 habitants.

Au début, Juda, le royaume du Sud, qui n'a que 200 000 habitants, bénéficie de meilleurs rois ; et il n'y aura que 20 rois de 931 à 587 (fin du royaume et départ pour l'exil) — soit une durée moyenne de règne de plus de 17 ans. Voir le tableau p. 816.

En 587, il n'y a plus d'Etat hébreu. Ses richesses, et plus encore sa position d'Etat-tampon entre l'Egypte, au sud, l'Aram, l'Assyrie et la Babylonie, au nord, ont fait de l'ancien royaume de David la proie la plus tentante des puissants Empires qui se lèvent sur l'Orient méditerranéen dans la première moitié du dernier millénaire avant Jésus-Christ.

Les faits rapportés par la Bible concordent parfaitement avec les nombreux documents égyptiens, phéniciens, moabites, assyriens et babyloniens découverts aux XIXe et XXe siècles. Ainsi, Guibéthon et Thircé ont été identifiées et retrouvées : la première est Tell el-Mélat, en Philistie, et la seconde Tell el-Farah, non loin de Naplouse.

### ... et la réalité religieuse

Le Royaume du Nord a pris le nom d'Israël, le nom de Jacob, l'ancêtre du peuple hébreu tout entier. Lors de la disparition définitive de ce royaume en 722-721, le nom d'Israël sera repris par Juda — et c'est de nouveau, aujourd'hui, le nom officiel de l'*Etat juif*.

Mais comme la promesse de Dieu concerne Jérusalem et la descendance de David, tous les Hébreux pieux se tournent vers la capitale et la dynastie de Juda.

Et cette époque de déclin puis d'anéantissement politiques voit au contraire d'étonnants sursauts religieux. Tant en Israël qu'en Juda, de très grands prophètes apparaissent — parfois aux heures les plus terribles — et expliquent au peuple élu que les promesses de Dieu tiennent toujours, mais qu'il faut les comprendre de manière de moins en moins nationaliste et terrestre : le prophétisme du IXe au VIe siècle av. JC annonce de plus en plus clairement la vraie mission que Dieu confie à son peuple, faire connaître *au monde entier* (voir p. 720) le Royaume *céleste* qu'il veut ouvrir à tous les hommes.

Les grands Empires qui détruisent Israël et Juda anéantissent aussi de très nombreux autres petits pays : parmi les voisins d'Israël, citons Ammon, Moab, Edom et les Philistins. De ces royaumes, il ne reste plus rien aujourd'hui, sinon quelques noms, quelques ruines et un souvenir si vague que seules la Bible et l'archéologie contemporaine attestent réellement de leur existence. Et de leurs vainqueurs même, il ne reste quasiment rien non plus ; leurs civilisations seront englouties par l'hellénisme dès le IIIe siècle av. JC.

Tandis que la foi du royaume de David, purifiée par les désastres politiques, est devenue celle de centaines de millions d'hommes à travers la Terre entière et même, sous le nom d'islam, la religion officielle des Etats occupant aujourd'hui les territoires des grands Empires évanouis.

### La prostitution sacrée

On a signalé, à propos des fils d'Eli (voir pp. 508-509), le retour intermittent en Israël d'un culte d'origine cananéenne : la prostitution sacrée. Cette institution qui nous paraît aujourd'hui aussi aberrante que sacrilège existait également en Egypte et en Mésopotamie ; les Cananéens n'ont sans doute fait que répandre et populariser une pratique réservée ailleurs à certains prêtres, prêtresses, rois et reines, en certaines occasions. Initialement, ce culte semble avoir été un rite de fécondité. Le roi-prêtre s'unissait solennellement à la *grande prostituée*, image très probable de la Déesse-Mère néolithique, et symbolisait ainsi l'union des principes mâle et femelle de l'univers entier, considérée alors comme source de toute vie, en même temps qu'il réaffirmait aussi l'alliance de son trône et des forces spirituelles, garantie sans doute de la légitimité de son règne.

Plus tard, les Grecs connaîtront également des *esclaves sacrées*. Mais autant les textes bibliques que l'histoire et l'archéologie cananéennes suggèrent que la prostitution sacrée, telle qu'elle a été pratiquée de temps à autre en Palestine jusqu'au temps des prophètes, était surtout devenue un prétexte à débauches. Jeunes gens et jeunes filles de grande beauté étaient « mis à la disposition » des visiteuses et des visiteurs « pieux »... moyennant sans doute quelque « offrande » aux serviteurs du « temple ».

Tous les prophètes d'Israël combattirent avec la plus grande énergie ce culte qui non seulement ravalait l'homme au rang de la bête (sexualité sans amour personnel) mais surtout donnait de Dieu une image indigne, impersonnelle et grotesque.

**Devenu roi d'Israël, Omri acheta à un homme appelé Samar une belle colline, facile à fortifier, non loin de Sichem. C'est là qu'il bâtit la nouvelle capitale de son pays ; il l'appela Samarie en souvenir de Samar. Omri en fit une ville très belle, car c'était un homme habile et intelligent : ne raconte-t-on pas ses exploits dans les *Annales des Rois d'Israël*?**

**Mais Omri fit ce qui est mal aux yeux de Dieu, et il eut pour successeur son fils Achab, qui monta sur le trône d'Israël la trente-huitième année du long règne d'Asa, roi de Juda, sur le trône de Jérusalem.**

(1 Rois 16. 23-29)

## Samarie, la troisième capitale du Royaume du Nord

L'archéologie contemporaine confirme en tous points ce que la Bible dit de la fondation de Samarie. Cette ville, la troisième et la plus grande capitale du Royaume du Nord, est construite vers 880 av. JC au sommet d'une colline d'où l'on a une vue très étendue ; par temps clair, on aperçoit la Méditerranée, à 35 km à l'ouest. Quoique exceptionnellement favorable — une source jaillit près de son sommet — le site n'avait jamais été construit. Omri bâtit sa capitale comme une forteresse, et son fils Achab lui élèvera des murs plus hauts encore. Son architecture, civile comme militaire, est remarquable pour son temps : techniquement, elle ne sera égalée ailleurs que six siècles plus tard. C'est qu'Omri a fait appel aux plus habiles architectes et ouvriers phéniciens, à qui il semble avoir laissé carte blanche ; comme ils construisaient à partir d'un terrain vide et sans passé, ils réalisèrent une sorte de ville artificielle, idéale, à l'urbanisme rationnel... et grandiose, une sorte de « Brasilia » militaire.

Les fouilles ont révélé de très nombreuses œuvres d'art, souvent en ivoire, (voir pp. 752-753), où se mêlent les influences culturelles de la Phénicie et de l'Assyrie. Voir pp. 788-789.

Il n'est donc nullement surprenant que le culte, lui aussi, ait été de plus en plus marqué — ou froidement remplacé — par les religions de Tyr et d'Aram, sœurs et héritières de l'antique religion cananéenne.

## Omri et les *Annales des Rois d'Israël*

L'Ancien Testament renvoie souvent ses lecteurs, pour les faits, à des livres — *Annales de Salomon, des Rois d'Israël, des Rois de Juda* — aujourd'hui disparus. On suppose qu'ils contenaient les actes officiels et peut-être quelques faits politiques ou culturels importants de chaque règne. Mais il n'est pas nécessaire de les avoir pour juger de l'intelligence politique d'Omri (885-874 av. JC). Les succès de ce roi, proclamé souverain par son armée (ce qui est exceptionnel dans l'histoire d'Israël), au milieu d'adversaires beaucoup plus puissants que lui, témoignent qu'il fut à la fois un grand soldat — il battit les Araméens et reconquit Moab — et un diplomate exceptionnel — il parvint à renouer avec les Phéniciens sans effrayer les grands Empires voisins.

Cependant, pour tous ces succès, aujourd'hui connus par des documents non israélites (un siècle après la fin de sa dynastie, les Assyriens appellent encore Israël « la maison d'Omri »), la Bible se contente de renvoyer le lecteur aux *Annales* officielles du règne : elle n'a rien à en dire. La seule chose qui l'intéresse vraiment, c'est qu'Omri favorisa les cultes païens et ainsi fit « ce qui est mal aux yeux de Dieu ». Les incroyants seront peut-être d'abord tentés de sourire devant ce point de vue, d'apparence naïf. Et pourtant, si même Omri avait établi un Empire comme celui d'Alexandre ou de César, il n'en resterait rien aujourd'hui. Tandis que si les rois d'Israël et de Juda avaient tous fait comme lui, la Chrétienté — et notre monde actuel — n'auraient pas existé. Paradoxalement, pour le peuple hébreu, ce qui est de loin le plus important dans son histoire, c'est sa religion, même si l'on n'y croit pas.

Et naturellement, si l'on y croit, le point de vue n'est pas fondamentalement différent aujourd'hui de ce qu'il était pour le rédacteur de la Bible. La vie d'un homme, fût-il roi, doit d'abord être appréciée du point de vue de ses relations avec les autres hommes et avec Dieu, qui est l'ultime garant de la sincérité de ces relations. En revanche, le chrétien s'abstient de juger quiconque, surtout en mal, car Dieu seul connaît les vraies motivations de chacun.

# Elie

## La veuve de Sarepta
## Le feu miraculeux du Carmel

De même que Dieu suscite Moïse pour délivrer son peuple des Egyptiens,
il suscite Elie pour affranchir Israël de l'idolâtrie phénicienne.
Comme celle de Moïse,
la vie d'Elie est marquée de quelques très grands miracles,
parmi lesquels une sorte de *multiplication des pains*
et *une ressuscitation du fils d'une veuve*;
ces deux-ci préfigurent deux miracles de Jésus.
Elie, le premier et peut-être le plus grand des prophètes d'Israël,
rappelle en effet Moïse
et annonce Jean-Baptiste et le Christ lui-même.

**Achab, fils d'Omri, roi d'Israël à Samarie, fit ce qui est mal aux yeux de Dieu ; il fit pire encore que ses prédécesseurs. Il épousa Jézabel, la fille du roi de Sidon, et il adora son dieu, Baal. Il persécuta et fit mourir les prophètes de Dieu.**

**Dans le palais qu'il fit construire pour Jézabel à Samarie, Achab éleva des autels à Baal et Astarté, et il encouragea leur culte.**

**C'est alors qu'Hiel de Béthel reconstruisit Jéricho, au prix de son fils aîné et de son fils cadet, ainsi que l'avait prédit Josué après la prise et la destruction de cette ville.**

(1 Rois 16. 29-34 et 18. 4)

## Achab et Jézabel

*Achab* (874-853), « Egal [à son] père », continue l'habile politique de son père. En épousant Jézabel, la fille du roi de Sidon (en fait, de Tyr : le Livre des Rois appelle Sidon tout ce qui est phénicien), il maintient une alliance importante pour le commerce, la vie culturelle et diplomatique de son pays. Mais on estime aujourd'hui que le véritable déferlement du culte de Baal et de ses formes féminines en Israël à cette époque est dû principalement au zèle de cette princesse phénicienne, qui aurait fait venir de son pays de nombreux prêtres et peut-être « prêtresses ». Et l'on suppose même que c'est Jézabel qui aurait demandé à son mari de persécuter les Hébreux fervents... et d'exterminer tous les prêtres et prophètes de Dieu.

Le règne d'Achab et de Jézabel, fille du roi Ithobaal de Tyr, est connu par des documents phéniciens. Ceux-ci confirment entièrement les récits bibliques, et parlent même d'une sécheresse qui ravagea la totalité du pays.

## Le Baal de Tyr : Melcart

On a déjà présenté Baal à plusieurs reprises (voir, par exemple, p. 419) ; Jézabel semble avoir amené avec elle le Baal de Tyr, souvent plus connu sous son nom de Melcart. Melcart est un guerrier toujours vainqueur — ce qui n'est guère phénicien — et un audacieux explorateur maritime — ce qui se comprend mieux. Les documents phéniciens peignent les rites du *Réveil de Melcart*, au printemps, comme liés aux anciens cultes de la fécondité (souvent prétextes à débauches, car ils font intervenir des « orgies sacrées » au cours desquelles « prêtres » et « prostituées sacrées » imitent les gestes grâce auxquels Baal et Astarté engendrent la vie...) et à une étrange vénération du feu immortel (voir aussi pp. 760-761). Cette vénération paraissait monstrueuse aux Hébreux parce qu'elle consistait notamment à sacrifier des enfants, jetés vifs dans la gueule brûlante de Melcart. Toute cérémonie importante exigeait l'immolation d'enfants ; les premiers-nés étaient souvent sacrifiés (voir pp. 376-379), ce qui rattache ce culte à l'ancienne religion cananéenne contemporaine d'Abraham.

## Thisbé de Galaad et le torrent du Cérith

Thisbé ou Tishbé est peut-être l'actuel Khirbet Lisdib ou Listib, à 30 km au nord d'Amman ; c'est tout ce que l'on sait de cette ville.

Vraisemblablement, le Cérith, ou Kérit, est l'oued Yabis, qui se jette dans le Jourdain non loin des monts de Galaad. Sans doute Elie se cacha-t-il dans un pays qui lui était familier.

**Hiel de Béthel** : voir pp. 376-379

**Elie de Thisbé, de Galaad, vint trouver Achab et lui dit: «Parole du Seigneur, Dieu d'Israël: *Il ne pleuvra plus sur Israël jusqu'à ce que mon serviteur Elie fasse revenir la pluie.*»**

**Abasourdis par cette nouvelle catastrophique, Achab et Jézabel ne réagirent pas; Elie sortit du palais et se cacha dans le ravin de Cérith.**

**Elie vécut seul dans le ravin. Des corbeaux lui apportaient de la viande et du pain, soir et matin, et il buvait l'eau du torrent.**
(1 Rois 17. 1-6)

**La sécheresse arriva. Le torrent d'Elie tarit, lui aussi. Dieu dit à Elie: «Va à Sarepta; une veuve t'y hébergera et te nourrira.»**

**Elie se mit en route. Comme il arrivait à Sarepta, il vit une vieille femme qui ramassait du bois. Il lui dit: «Je t'en prie, donne-moi à boire.» Elle alla chercher de l'eau dans sa cruche et lui en donna. Il lui dit: «Maintenant, je t'en prie, donne-moi à manger». Elle répondit: «Je n'ai pas de pain. Il ne me reste qu'une poignée de farine et quelques gouttes d'huile. Quand j'aurai fini mon fagot, je rentrerai préparer deux galettes pour mon fils et moi, car je suis veuve; nous les mangerons et puis nous mourrons.»**

**Elie sourit et dit: «N'aie pas peur! Fais ce que tu as dit, mais tu me donneras la première galette.» Elle eut confiance et fit ce qu'il lui demandait. Et elle eut encore assez d'huile et de farine pour faire deux galettes pour son fils et elle ce soir-là, mais aussi le lendemain, le surlendemain et pendant des semaines; le cruchon d'huile ne se vidait pas et la jarre de farine restait toujours à moitié remplie.**

**Un jour, le fils de cette veuve mourut. Elie pria Dieu, et se coucha trois fois sur l'enfant. Il se réveilla, vivant à nouveau; sa mère s'écria: «Fils d'Israël, tu es un prophète du vrai Dieu!».**
(1 Rois 17. 7-24)

### Sarepta

Sarepta ou Sarepha est l'actuelle Sarafand, à 15 km au sud de Sidon (Saïda) et à 20 km au nord de Tyr. Au temps d'Elie, Sarepta faisait partie du petit royaume côtier de Tyr. On ne voit pas pourquoi Elie s'enfuit vers cette petite ville, en plein territoire païen; pour les croyants, c'est Dieu qui l'y invite, pour qu'il rencontre cette veuve. Pour le réalisateur du Livre des Rois, les miracles que Dieu y opère manifestent qu'il est le Dieu du monde entier — le seul vrai Dieu.

Jésus reprendra cette histoire, pour manifester non plus l'*autorité* de Dieu sur la Terre entière, mais sa *sollicitude* envers tous ceux qui l'accueillent, juifs ou incroyants: «Oui, je vous le dis: aucun prophète n'a été accueilli dans son pays. Du temps d'Elie, il y avait beaucoup de veuves en Israël lorsque vint la sécheresse; pourtant, Elie ne fut envoyé à aucune d'entre elles, mais à une veuve de Sarepta, en pays de Sidon» *(Luc 4. 24-26)*. La première phrase de Jésus citée ici est traditionnellement traduite: «Nul n'est prophète en son pays». Cette traduction est malheureuse parce qu'elle donne l'impression que le Christ énonce une loi alors qu'il ne fait qu'enregistrer, avec tristesse, une observation: les gens de son village ne l'écoutent pas comme, peut-être, les gens de Thisbé n'ont pas écouté Elie.

### La farine intarissable et la multiplication des pains

La richesse de Dieu est inépuisable. Elie le montre ici au moyen d'un miracle qui préfigure *La multiplication des pains* de Jésus. Ici, il n'y a que trois personnes qui bénéficient directement du renouvellement mystérieux de la nourriture: la veuve et son fils, et Elie lui-même. Mais le sens de ce miracle sera expliqué par l'Evangile: Dieu veut (et, bien sûr, peut) rassasier tous les hommes. «Ils mangèrent tous et ils furent rassasiés... or il y avait là cinq mille personnes» *(Marc 6. 42-44)*.

### La *ressuscitation* du fils de la veuve

La toute-puissance de Dieu est infinie. Elie le montre ici aussi au moyen d'un miracle qui préfigure un miracle de Jésus, celui dit *du jeune homme de Naïn* (voir aussi pp. 772-777). Ce miracle est rapporté par le seul Luc. «Jésus partit pour Naïn... Quand il arriva, un cortège funèbre sortait de la ville: on allait enterrer le fils unique d'une veuve... A sa vue, Jésus éprouva pour elle de la compassion, et il lui dit: *Ne pleure plus.* Il s'approcha de la civière... et dit: *Jeune homme, je te l'ordonne, réveille-toi.* Le mort se redressa et se mit à parler. Jésus le rendit à sa mère. La foule, émerveillée, s'écria: *C'est un prophète! Dieu est venu vers son peuple!» (Luc 7. 11-17).*

La ressemblance des deux histoires, celle d'Elie et celle de Jésus, est telle qu'on peut se demander si Luc n'a pas eu la première présente à l'esprit lorsqu'il a rédigé la seconde. C'est très probable. Mais ne signifie nullement qu'il a inventé le miracle de Jésus. En revanche, peut-être le Messie lui-même l'a-t-il accompli en souvenir et en confirmation de ce qu'avait annoncé son prophète. Dieu veut «rassasier» tous les hommes *de sa vie même*.

Toutefois, la *ressuscitation* de ces deux hommes n'est pas, pour les croyants, de la même nature que la *résurrection* de Jésus. Alors que celui-ci, sortant du tombeau, commence une vie nouvelle, immortelle, non soumise à l'espace et au temps — la vie éternelle auprès de Dieu offerte à tous les hommes après leur mort — ces deux personnes, comme Lazare *(Jean 11. 1-44)*, reprennent seulement leur vie terrestre, qui se terminera évidemment par la mort. Mais le sens de la ressuscitation est d'annoncer la résurrection, de manifester la toute-puissance de Dieu au-delà même de la mort (mort réelle, bien entendu, car il ne faut pas confondre l'acception théologique de la *ressuscitation* avec sa valeur médicale, «retour à la vie après une mort apparente»).

**Trois années passèrent. La sécheresse durait toujours en Israël. A Samarie, on mourait de faim. Dieu dit à Elie: « Va trouver Achab. Mon peuple souffre; je vais ramener la pluie. Tu feras ce que je te dirai. »**

**Elie vint trouver le roi d'Israël, qui avait fait tuer beaucoup de prophètes de Dieu; en le voyant, Achab s'exclama: « Comment oses-tu paraître devant moi, toi qui as apporté le malheur à tout le pays ?! » Elie répliqua: « Ce sont tes crimes qui ont apporté le malheur en Israël! Mais cela suffit comme cela; fais rassembler le peuple au mont Carmel, et fais-y venir aussi tous les prophètes de Baal et d'Astarté. La pluie reviendra. » Achab, impressionné, fit ce qu'Elie lui avait dit.**

(1 Rois 18. 1 et 17-19)

### Le mont Carmel

Le mont Carmel (ou *Karmel*, « verger ») se dresse comme un promontoire à 550 m au-dessus de la Méditerranée, entre la Galilée et la plaine de Saron; à 55 km au nord-ouest de Samarie mais à une quinzaine de kilomètres seulement de Jezréel (voir pp. 742-743). Aujourd'hui, le port d'Haïfa s'abrite sous sa masse isolée. Et ses flancs couverts de pinèdes sont devenus des lieux de villégiature très appréciés. Son nom indique qu'il était cultivé, sans doute depuis très longtemps déjà, à l'époque d'Elie: on y a retrouvé des squelettes vieux de 50 000 ans.

Peut-être Elie a-t-il choisi le Carmel pour y manifester la toute-puissance de Dieu parce qu'il est extrêmement beau, puissant, majestueux. Isaïe compare « la splendeur du Carmel » à « la splendeur de notre Dieu » *(Isaïe 35. 2)*.

### Elie, le prophète intrépide et puissant

Elie ou *Eliyah*, « Dieu [est] Yahvé », est l'un des deux hommes qui apparaissent de part et d'autre de Jésus lors de sa transfiguration, l'autre étant Moïse *(Marc 9. 4)*. C'est qu'avant Jésus, qui établit la Nouvelle Alliance, vient l'Ancienne Alliance, c'est-à-dire la Loi — symbolisée par Moïse — et les Prophètes — symbolisés par Elie, peut-être le plus grand d'entre eux (voir aussi p. 764).

Elie apparaît comme une personnalité exceptionnellement puissante, animée par une foi d'une rare vigueur. Il obéit à Dieu sans l'ombre d'une hésitation, et il est convaincu à son tour que Dieu correspondra à son attente: Dieu agira miraculeusement en faveur de la veuve de Sarepta, et ramènera la pluie à l'heure annoncée par son prophète. Elie parle d'autorité. Même face au roi et à son épouse, la terrible Jézabel, il ne dévie pas de sa voie et s'exprime avec une fermeté qui les stupéfie — au sens littéral du terme.

Sans doute à peine vêtu et quelque peu hirsute, Elie ressemble-t-il à Jean-Baptiste, le dernier des prophètes, le *précurseur* direct de Jésus. Au temps du Baptiste, beaucoup de gens verront en lui la réalisation d'une prophétie du IVe siècle av. JC: « Avant qu'arrive le Jour du Seigneur, jour immense et redoutable, j'enverrai vers vous Elie, mon prophète » *(Malachie 3. 23)*.

*vers 867 av. JC*

**Sur le Carmel, Elie cria au peuple : « Quand cesserez-vous de danser d'un pied sur l'autre ? Si c'est le Seigneur d'Israël qui est Dieu, ne suivez que lui ; si c'est Baal, ne suivez que lui ! Maintenant, regardez. Les prophètes de Baal sont près de cinq cents. Moi, je suis seul. Donnez-nous deux jeunes taureaux, et chacun en sacrifiera un à son Dieu, mais sans y mettre le feu. Nous demanderons à Dieu lui-même d'allumer le feu de l'autel, et nous verrons par ce signe**

**si c'est Baal ou le Seigneur d'Israël qui est Dieu ! »**

**Le peuple cria : « Oui, qu'il en soit ainsi ! » Les prêtres de Baal sacrifièrent leur taurillon et se mirent à implorer leur dieu en chantant, en dansant et en se tailladant tout le corps de leurs poignards.**

**Elie se moquait d'eux ; il répétait : « Criez plus fort, peut-être qu'il dort ! Ou bien... peut-être a-t-il l'esprit ailleurs ? »**

(1 Rois 18. 21-28)

### La danse sacrée des prêtres de Baal

Les documents phéniciens relatifs aux rites de Melcart (voir p. 732) font songer aux actuelles cérémonies vaudou d'Haïti. On y retrouve le goût du sexe et du sang, la danse et « l'extase » — ou les transes — et même les blessures que certains s'infligent pour attirer l'attention de la divinité comme aussi pour favoriser, par la douleur, l'expression de l'inconscient (regardé comme la possession de l'âme par le dieu).

Le récit du Livre des Rois ne précise pas si la danse sacrée des prêtres de Baal au Carmel comporta aussi des offrandes de vin dans des vases à col étranglé, des passes de serpent ou des allusions sexuelles plus nettes encore. Mais le seul détail étonnant rapporté — les prêtres se tailladant le corps de leurs couteaux — est entièrement confirmé par la science historique contemporaine.

**Les prêtres de Baal dansèrent des heures et des heures; leur autel ne prit pas feu. Elie dit à la foule: «Venez m'aider à préparer l'autel de Dieu.» Des gens vinrent et, sur ses ordres, ils préparèrent l'autel avec douze grosses pierres et ils sacrifièrent le taureau.**

**Elie leur dit: «Creusez une rigole tout autour de l'autel. Puis versez toute l'eau que vous pourrez trouver sur l'offrande, sur l'autel et dans la rigole; que tout soit trempé d'eau!» Ils obéirent et l'autel ruisselait d'eau.**

**Elie se prosterna et pria: «O Seigneur, Dieu d'Abraham, d'Isaac et d'Israël, montre maintenant que c'est toi qui es Dieu! Montre à ton peuple ici rassemblé que je suis ton prophète et que c'est par ta parole que j'accomplis ce signe. O mon Dieu, ramène à toi le cœur de ton peuple!»**

(1 Rois 18. 29-37)

## La restauration de l'autel de Dieu

Malgré la scission politique en deux royaumes, Elie fait restaurer l'autel avec douze pierres, signe de l'unité religieuse des douze tribus d'Israël et peut-être déjà aussi annonce de l'universalité de Dieu (voir p. 744).

## L'offrande et l'autel sont noyés sous l'eau

Ce n'est pas dans un quelconque but rituel qu'Elie fait inonder d'eau le sacrifice, l'autel et même ses abords. Mais pour que personne ne puisse croire que, si le bûcher s'enflamme, c'est par combustion naturelle (la sécheresse dure depuis trois ans) ou même par supercherie. Elie veut que chacun puisse témoigner de l'origine surnaturelle du feu.

On pourrait objecter : mais est-ce bien de l'eau qu'il fait verser ? Et si c'était du pétrole ou de l'huile ? Les Phéniciens et les Egyptiens n'étaient-ils pas des spécialistes du trucage religieux ? On a déjà dit qu'en effet les prêtres égyptiens utilisaient des statues creuses pour donner l'illusion que le dieu parlait ; et l'on sait aujourd'hui que les grandes fêtes d'Adonis, à Byblos (Phénicie), étaient également marquées de « crues miraculeuses »... provoquées par les prêtres au moyen d'écluses secrètes ! En revanche, truquer le feu avec un liquide inflammable — huile ou pétrole — paraît invraisemblable pour deux raisons. D'abord, les Hébreux connaissaient fort bien, depuis longtemps, cette propriété de certains liquides : ils utilisaient le bitume et s'éclairaient à la lampe à huile. Ensuite, les 500 prêtres de Baal devaient, *eux* (voir p. 732), se méfier d'une supercherie ; ils s'assurèrent certainement qu'il s'agissait bien d'eau. (Voir aussi, p. 1074, le naphte « de Néhémie »).

D'où venait cette eau, puisque c'était la sécheresse ? Le Carmel est au bord de la mer, à côté de l'embouchure du Cison.

**Une flamme tomba du ciel et embrasa l'autel; le feu de Dieu dévora l'offrande et l'autel et avala l'eau de la rigole.**

**Fasciné, ébloui et jubilant, tout le peuple s'écria: «C'est le Seigneur qui est Dieu! *Le Seigneur est Dieu!*»**

**Elie ordonna: «Saisissez les prophètes de Baal, que pas un ne s'échappe!» On s'empara d'eux et on les fit descendre au fond du ravin, le ravin de Cison, où Elie les fit tous égorger.**

**Elie dit à Achab: «Maintenant, roi d'Israël, va festoyer, boire et manger, car la sécheresse est finie!» Et Achab se fit servir un festin.**

**Elie remonta sur le Carmel. Le ciel était toujours d'un bleu limpide, il n'y avait pas le moindre nuage jusqu'à l'horizon, sur la mer. Elie se prosterna et pria. Un tout petit nuage s'éleva de la mer. Elie dit à Achab: «Dépêche-toi d'atteler ton char et de rentrer chez toi, parce que dans quelques instants la vallée ne sera plus qu'un bourbier.» Et Achab monta sur son char et fila vers Jezréel.**

(1 Rois 18. 38-45)

**Jezréel**

Au centre de la plaine à laquelle elle a donné son nom (voir pp. 414-415 et 598-599), la ville de Jezréel, à l'époque d'Omri et d'Achab, abrite le palais d'été des rois d'Israël. Son climat est en effet plus frais en cette saison que celui de Samarie, perchée sur une colline en plein soleil.

Comme dans la Chine impériale, une bonne partie de la cour se transporte sans doute aux alentours du palais d'été pendant les mois les plus chauds de l'année. Elie reviendra souvent à Jezréel, et c'est là que mourra la reine Jézabel (voir pp. 800-805).

**Elie fait égorger les prêtres de Baal**

Certes, Elie ne fait que se venger: Jézabel et les prêtres de Baal ont été eux-mêmes les premiers à exterminer les prêtres de Dieu (et même, apparemment, bien des Hébreux fervents), et cela sans raison. Rappelons néanmoins que cette attitude de l'Ancien Testament est aujourd'hui en opposition avec la doctrine de Jésus. Même sous prétexte non pas de *vengeance* mais d'*épuration*, un chrétien ne fait tuer personne.

**La vallée du Cison**:
voir pp. 407 et 416.

Le petit nuage venu de la mer grossit et remplit le ciel; des cataractes d'eau s'écroulèrent sur la terre d'Israël. La pluie tomba longtemps et la terre but beaucoup d'eau. Ainsi qu'Elie l'avait prédit, après trois années de sécheresse et de famine, la pluie était revenue sur son ordre.

Jézabel apprit d'Achab ce qu'Elie avait fait aux prêtres de Baal. Elle jura de se venger. Elie s'enfuit d'Israël. Il traversa Juda et descendit vers l'Horeb, la montagne de Dieu. Au Sinaï, Dieu lui dit: «Monte sur la montagne, je vais me montrer à toi.»

Il y eut une tempête qui fracassait les rocs; Dieu n'était pas dans la tempête.

Il y eut un tremblement de terre; Dieu n'était pas dans le tremblement de terre.

Il y eut un incendie, un feu gigantesque; Dieu n'était pas dans ses flammes.

Alors il y eut un souffle, un silence diaphane; Elie se voila le visage de son manteau; Dieu lui dit: «Elie, pourquoi es-tu ici?» — «A cause de ma passion pour toi, ô mon Dieu! Les fils d'Israël ont brisé ton alliance, détruit tes autels et massacré tes prophètes. Il ne reste plus que moi et on cherche à me tuer: j'ai dû m'enfuir...»

Dieu dit: «Retourne en Israël. Ta mission n'est pas achevée. Je te dirai ce que tu dois faire. J'exterminerai les serviteurs de Baal et je sauverai Israël.»

(1 Rois 18. 45 et 19. 1-18)

### Dieu est le vrai maître de l'atmosphère

Baal est le dieu des moissons, le maître de la pluie et des orages: le dieu du climat, ou de l'atmosphère (voir p. 408). Grâce au double miracle de la sécheresse annoncée puis du retour annoncé de la pluie, Dieu montre que Baal n'est qu'une illusion: il est battu sur son propre terrain. Dieu est le seul maître de l'atmosphère comme de toute la Création. Dieu se montre comme le Dieu universel, et comme le seul vrai Dieu. C'est bien ce que le peuple d'Israël a compris.

### Elie au Sinaï, comme Moïse

Dieu s'était montré à une seule personne, à Moïse, au Sinaï. Il veut maintenant se montrer à un autre homme: il appelle Elie. Le Sinaï a fondé l'autorité divine de Moïse; il consacrera aussi la mission d'Elie.

Moïse, après quelques réticences, avait *obéi* à Dieu. Elie déclare être venu *par passion* pour Dieu. Là aussi on se rapproche de la vie de Jésus, culminant dans ce qu'on appelle sa Passion, et qui est essentiellement la manifestation de l'amour illimité de Dieu. Amour de Dieu pour les hommes et amour de Jésus — l'Homme-Dieu, le «Fils de l'Homme» — pour Dieu, son Père.

### Un silence diaphane

On a traduit de trente-six façons ce qui est rendu ici par *un souffle, un silence diaphane:* «le bruissement d'un souffle ténu» (TOB), «un murmure sourd, léger» (Crampon), «une voix, un silence subtil» (Chouraqui), etc. La tradition proposait ordinairement «une brise légère».

L'idée que Dieu parle dans le silence, par une voix *intérieure* à l'homme (à chacun), paraît bien être ce qui, dans cette nouvelle *théophanie,* en constitue le progrès le plus révolutionnaire.

# Elie et Elisée

## La vigne de Naboth
## Le feu du ciel - Le char de feu

Au moment où Elie monte au ciel sur un char de feu,
son manteau lui glisse des épaules et tombe par terre ;
Elisée, son disciple, le recueille pieusement,
et reprend la mission du grand prophète.
De là vient l'expression : *il a repris le manteau d'Elie*,
pour désigner la continuation de l'œuvre d'un maître
par un élève fidèle et compétent.
Elie apparaît en effet comme le plus grand des prophètes hébreux ;
la Bible le présente comme un nouveau Moïse.
Juifs et chrétiens estiment
que son œuvre a été décisive dans la formation d'Israël,
tant du point de vue purement religieux
que du point de vue moral et même social.
On a fait remonter à Elie toute notion moderne de justice sociale.
C'est que pour lui tous les hommes sont absolument égaux devant Dieu,
donc devant sa Loi et devant toute vraie loi.

Tandis que le roi Achab et la reine Jézabel, à Samarie, parlaient toujours de tuer le prophète de Dieu, parce qu'il avait fait massacrer tous les prophètes de Baal, Elie, conduit par Dieu, arriva près d'Abel Méhola. Elisée, fils de Saphat, labourait le champ de son père; il terminait le dernier sillon.

Elie s'approcha de lui, et le couvrit de son manteau. Aussitôt, Elisée s'arrêta et dit: «Je te suivrai; mais permets-moi d'abord d'aller embrasser mon père et ma mère.» Elie lui répondit: «Vas-y vite! Ne comprends-tu pas ce que je viens de te faire?»

Elisée partit en courant dire adieu à ses parents, puis il revint, prépara un bûcher avec la charrue même de son attelage, égorgea ses deux bœufs et les offrit en sacrifice à Dieu.

Il pria, se releva, et rejoignit Elie. Et depuis ce jour-là, Elisée suivait partout le prophète.
(1 Rois 19. 1-2 et 19-21)

### Abel-Méhola, « Le pré de la danse »

*Abel-Méhola*, peut-être l'actuelle Méhola en Cisjordanie, à 15 km au sud de Bethséan (voir p. 600), veut dire « Champ où l'on danse » ou « Pré de la danse » ; on suppose que, s'il travaillait là, auprès de ses parents, c'est qu'Elisée en était originaire.

### Elisée, fils de Saphat

On ne sait rien d'Elisée ni de son père, sinon ce qu'en dit la Bible ; il y apparaît comme un grand prophète, digne continuateur de l'œuvre d'Elie (voir p. 787). Son nom, en hébreu *Elisha*, veut dire « Dieu [m'] a secouru ».

### Couvrir de son manteau

Le geste que fait Elie vis-à-vis d'Elisée est le même que celui que Ruth demande à Booz de lui faire : couvrir quelqu'un de son manteau est un signe de possession. Par ce simple geste, Elie fait d'Elisée son compagnon pour la vie, son « disciple » et son « héritier » ; puisqu'il apparaît comme un très grand prophète de Dieu, c'est une faveur et un honneur extraordinaires qu'il fait au jeune homme. D'où sa surprise lorsqu'Elisée, en toute simplicité, candeur et bonne foi, lui répond qu'il souhaite d'abord aller embrasser ses parents.

### « Mais permets-moi d'abord d'embrasser mes parents »

A la candide réponse du jeune Elisée, le prophète réagit avec humeur. Il ne blâme évidemment pas son sens familial, tout à fait charmant à vrai dire, mais s'inquiète seulement d'une seule chose : Elisée a-t-il bien compris — puisqu'il semble réagir de manière si quotidienne, si naturelle — qu'aujourd'hui Dieu l'a choisi pour être son porte-parole privilégié au milieu d'Israël ? Elisée se rend-il compte de l'immensité de sa chance, et aussi de sa responsabilité ? D'où la réponse d'Elie : « Fais *vite* (parce que dorénavant ton père et ta mère, c'est Israël — bientôt symbole de l'humanité tout entière) ».

C'est à cette conversation que pensa Jésus lorsqu'un jeune homme vint lui dire : *« Je te suivrai, Seigneur, mais permets-moi d'abord d'aller embrasser mes parents* et tous ceux de ma maison. » Aussi lui répond-il, faisant allusion au labour d'Elisée : « Qui met la main à la charrue puis regarde en arrière n'est pas digne du Royaume de Dieu » *(Luc 9. 61-62)*. C'est-à-dire, en réalité : « Celui qui a vraiment compris la mission — et la gloire — à laquelle Dieu l'appelle ne saurait encore se préoccuper *d'abord (en priorité*, comme d'une chose *primordiale)* d'objectifs personnels (parents, amis, voisins, relations, carrière, etc.). » Ou encore : « Celui qui est digne du Royaume de Dieu, c'est celui qui vit tout entier pour son accomplissement (ce qui est l'objectif, universel, de Dieu). »

Ces phrases d'Elie et de Jésus peuvent paraître dures. Elles sont en effet atrocement exigeantes. Mais elles ne s'opposent en rien à la tendresse humaine ; elles remettent simplement celle-ci à sa place : *image* et *moyen* de l'amour (divin). Ce même saint Luc, le seul des quatre Evangélistes à raconter cet épisode de la vie de Jésus, est aussi le seul qui rapporte les paraboles de *L'Ami qui se laisse fléchir (Luc 11. 5-8)*, et du *Fils prodigue (15. 11-32)* : on l'a appelé « l'Evangéliste de la tendresse humaine ».

Le sens le plus profond de cette vocation prophétique d'Elisée, ou de toute vocation chrétienne, est encore donné par saint Luc dans la parabole du *Bon Samaritain (Luc 10. 29-37)*. Celui qui se veut digne du Royaume doit, songeant toujours à celui-ci, se montrer totalement disponible à tous, c'est-à-dire *au prochain* ; non pas nécessairement à ses parents, à ses coreligionnaires ou ses compatriotes, mais à ceux sur la route desquels Dieu le place, pour qu'il les sauve, même si ce ne sont pas des amis mais des ennemis !

**Le palais royal d'Achab était à Samarie, sa capitale. Mais le roi d'Israël possédait encore bien d'autres résidences. A Jezréel, il avait un palais entouré d'un côté par un vignoble, qui ne lui appartenait pas ; il appartenait à Naboth.**

**Achab vint trouver Naboth et lui dit : « Ta vigne est tout contre mon palais, là où je veux me faire planter un jardin. Donne-la-moi et je te donnerai à sa place un terrain bien meilleur pour faire pousser du raisin ; ou bien, si tu le préfères, je te la paierai en argent. »**

**« Par le Seigneur notre Dieu, répondit Naboth, ce serait un sacrilège de te vendre une terre que j'ai héritée de mon père, qui la tenait lui-même de ses pères ! »**

**Le roi fut agacé de cette réponse, et il rentra chez lui le cœur plein de rage et de dépit.**

(1 Rois 21. 1-4)

## Naboth de Jezréel

Nulle part ailleurs dans la Bible on ne parle de Naboth ; et cet homme n'est connu par aucune autre source que le chapitre 21 du Premier Livre des Rois. (Concernant Jezréel, voir pp. 742-743).

L'épisode dramatique de Naboth est fort intéressant, historiquement, à deux titres. D'abord, on peut admirer la vigueur de la réaction d'Elie : pour l'envoyé de Dieu, le « meurtre légal » de cet homme est un acte tout aussi criminel que le meurtre d'un prince, d'un roi ou d'un prophète. Pour Dieu, tous les hommes sont égaux, et la vie du plus petit d'entre eux est sacrée. Cette idée, à l'origine historique, n'est valable qu'à l'intérieur d'Israël, mais on a déjà vu, avec l'histoire de Jonas par exemple (voir, en particulier, p. 720), qu'à l'époque de la rédaction du Livre des Rois — VIe siècle av. JC — elle commence à devenir universelle. Toutes les idées modernes et contemporaines sur l'égalité foncière et absolue de tous les hommes paraissent provenir de cette affirmation révolutionnaire des prophètes d'Israël.

Ensuite, la résistance de Naboth à la demande du roi témoigne que l'idée d'égalité qu'on vient de présenter commence déjà à fonctionner comme une réalité sociale : même face au roi, qui se dit héritier de David et Salomon, le simple citoyen ose affirmer ses droits. La Loi est plus grande que le roi (voir p. suivante).

## Ne pas transmettre l'héritage : un péché

La réponse de Naboth à Achab (« Ce serait un sacrilège ! ») n'est pas un prétexte pour garder une vigne à laquelle il tenait particulièrement. C'est l'affirmation de la Loi, que le roi connaît aussi bien que son voisin.

« Chez les fils d'Israël, l'héritage ne changera pas de tribu. Tous les fils d'Israël garderont et transmettront ce qu'ils auront reçu en héritage de leurs pères » *(Nombres 36. 7)*.

Aujourd'hui, les chrétiens interprètent cette obligation dans un sens uniquement spirituel : c'est l'héritage *religieux* qu'il faut transmettre intégralement. « Qui ne respecte pas, même un seul de ces petits commandements, et enseigne aux autres à ne pas les respecter non plus, sera petit dans le Royaume des Cieux ; qui leur obéira et les enseignera parfaitement sera grand dans le Royaume » *(Matthieu 5. 19)*.

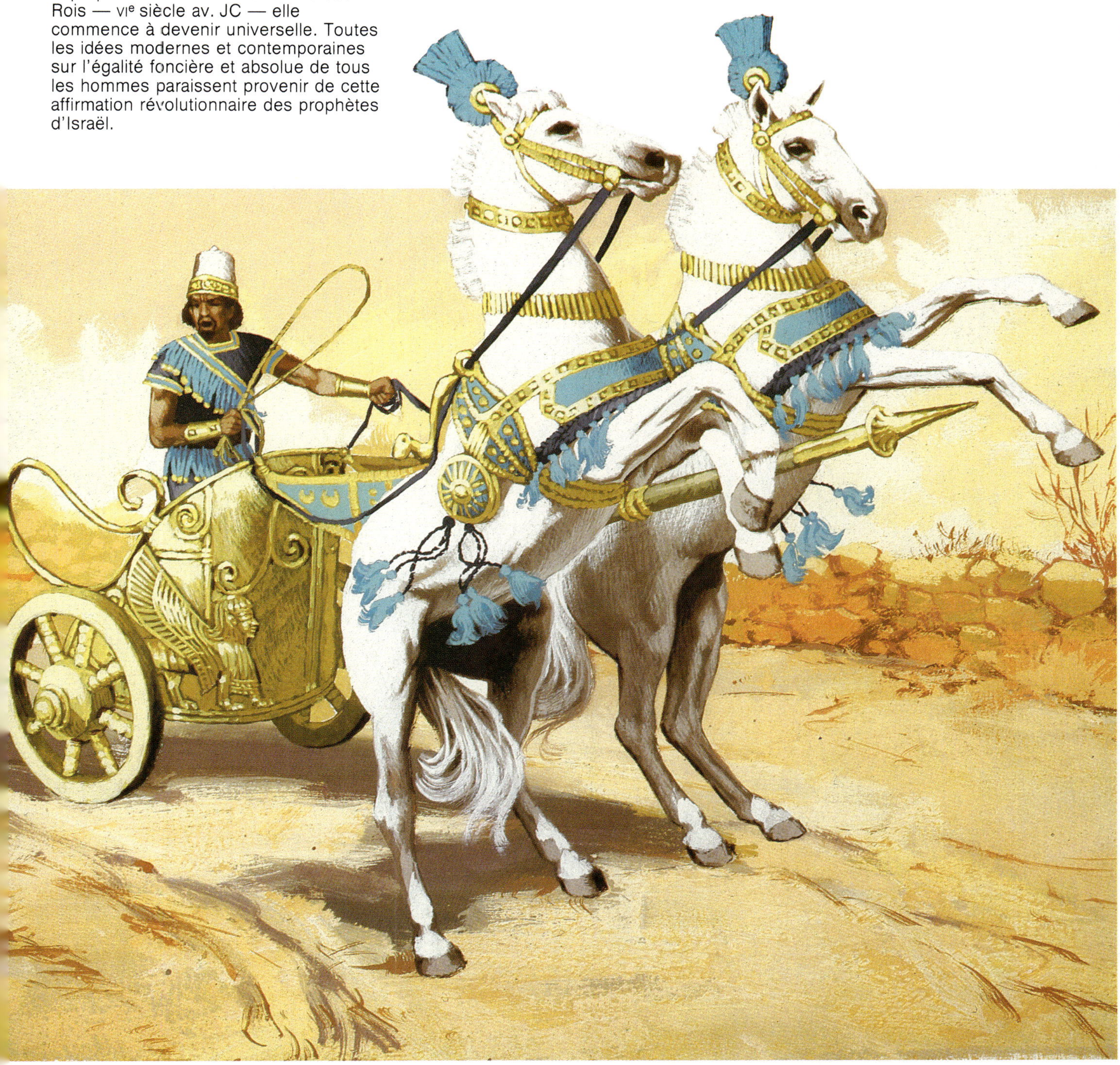

Rentré dans son palais, Achab, toujours furieux, refusa de manger.

Sa femme, la reine Jézabel, lui demanda : « Pourquoi es-tu de si mauvaise humeur ? » Il répondit : « A cause de Naboth : il ne veut pas me vendre sa vigne. » Jézabel s'écria : « Mais tu es roi ! Comment cet homme ose-t-il te résister ? » Achab ne répondit pas. Jézabel murmura : « Tu n'oses pas agir toi-même ? Eh bien, moi, je le ferai : tu auras la vigne de Naboth. »

La reine écrivit une lettre, qu'elle scella du sceau royal d'Israël, et la donna à un garde en disant : « Montre cette lettre aux anciens de Jezréel, et qu'ils agissent selon la Loi. » Le garde prit la lettre et fit ce que la reine lui avait commandé. Or cette lettre disait : ***Naboth a blasphémé : il a maudit son Dieu et le roi d'Israël.***

Naboth fut jugé : deux faux témoins, payés par Jézabel, témoignèrent contre lui ; il fut condamné à mort et lapidé le jour même.

(1 Rois 21. 4-13)

**« Tu es roi ! »**

L'attitude de Naboth face au roi montre qu'il connaît son droit — et son devoir : respecter la Loi avant d'obéir au roi (voir p. précédente). L'attitude de Jézabel montre que cette idée de Naboth est propre aux Hébreux : pour elle, fille du roi de Tyr, donc phénicienne, l'ordre — ou même simplement le désir — du roi passe avant toute autre considération. Elle est sans doute de bonne foi lorsqu'elle s'étonne des hésitations de son mari ; Achab, lui, est fils d'Israël et sait bien que Naboth a raison (d'où sa mauvaise humeur).

Contrairement à Achab, Jézabel semble n'éprouver aucun scrupule à user de son autorité royale arbitrairement, ni à commettre un mensonge, un sacrilège (invoquer faussement le nom de Dieu) et un meurtre couvert par les apparences de la Loi. Pour Israël, le roi est un moyen au service de la Loi, et de Dieu ; pour l'étrangère, les lois et les dieux sont des moyens au service du roi.

**Les faux témoins**

Impuissant face aux faux témoignages, Naboth préfigure Jésus (voir *Matthieu 26. 59-60*) et ressemble aux milliers de gens, avant et après lui, qui ont été... et seront condamnés injustement pour satisfaire la volonté des princes de ce monde ou la *raison d'Etat*. L'injustice est toujours odieuse ; elle l'est particulièrement lorsqu'elle se donne, face à la vérité, l'apparence de la justice ; elle l'est suprêmement — c'est ce qui unit Naboth et Jésus — lorsqu'elle prétend à la justice absolue, parfaite, celle de Dieu. Mais il est vrai que Jézabel, pas plus que Ponce Pilate, n'a une idée claire de ce qu'est la justice divine. Voir aussi Suzanne, pp. 1016-1020.

**Jézabel vint trouver Achab et lui dit: «Voilà. C'est fait. Naboth est mort. Va prendre la vigne.» Achab sourit, fit préparer son char et se fit conduire à la vigne.**

**Elie l'y attendait; il cria: «Achab! Assassin! Seras-tu aussi un voleur?» Le roi, stupéfait d'entendre la voix du prophète, se retourna et lui dit: «Elie! Comment es-tu ici?»**

**Elie reprit: «Dieu m'envoie te le dire: *A l'endroit où les chiens ont léché le sang de Naboth, ils lécheront ton sang. Ils rongeront les os de Jézabel. Et ta dynastie périra.*»**

**Puis Elie disparut, aussi mystérieusement qu'il était apparu.**

**Quelques jours plus tard, Josaphat, le nouveau roi de Juda, vint en visite officielle à la cour du roi d'Israël. Achab le reçut somptueusement. Puis il lui demanda: «Mon frère, je vais partir en guerre contre l'Aram. Viendras-tu avec moi?» Josaphat répondit: «Oui, si du moins Dieu veut de cette guerre.» Achab fit venir ses prophètes — d'infâmes prophètes de Baal et des courtisans — et c'était à qui glapirait le plus fort: «Fonce, ô roi d'Israël; tu enfonceras l'Aram!»**

**Surpris de n'entendre que de telles flatteries, Josaphat glissa au roi d'Israël: «Mais n'y a-t-il donc plus ici de vrai prophète de Dieu?» Gêné, Achab murmura: «Non... sinon Micajéhu, mais il m'annonce toujours des malheurs...» — «Fais-le venir immédiatement», dit Josaphat.**

(1 Rois 21. 15-29 et 22. 1-8)

### Les deux prophéties d'Elie

A propos des deux sanglantes punitions qu'Elie prophétise à l'égard d'Achab et Jézabel, il faut sans doute rappeler ce qui a déjà été dit plusieurs fois. Ce n'est pas Dieu qui punit ainsi. Dieu, lorsqu'il punit, punit comme un père ou une mère, avec amour, par amour, *pour sauver* un enfant qui s'égare; la mort est donc tout à fait exclue comme «châtiment»: de tous les châtiments possibles, c'est justement le seul (avec la folie) qui ne saurait redresser la conduite de celui qui est puni!

Elie ne fait qu'*annoncer*, au nom de Dieu, les conséquences du péché: la mort. Cette *menace* agit comme une punition divine: voir précisément *1 Rois 21. 27-29*, par exemple. Mais la mort elle-même — pour Achab, voir p. 756; pour Jézabel, voir pp. 802-803 — n'est que le résultat du crime.

C'est du moins ce que veut montrer l'auteur du Livre des Rois; on a pu douter de la réalité historique de ces prophéties, et de leur accomplissement, racontés de manière apparemment incomplète, ou même contradictoire (voir *1 Rois 21. 19* et *23*, et *22. 37-38*, et *2 Rois 9. 36-37*). Pour éviter des complications inutiles ici, on a supprimé ce problème dans notre traduction mais, comme toujours en pareil cas (celui-ci est un cas extrême), les références précises permettent au lecteur de comparer le présent texte aux termes exacts de la Bible.

### Josaphat, quatrième roi de Juda

Fils et successeur d'Asa, *Josaphat*, «Dieu [me] juge», le quatrième roi de Juda, règne de 870 à 849 av. JC. Historiquement, son long règne semble avoir été bon: à l'intérieur, il fait entreposer des réserves de blé (signe de prospérité économique) et bâtit des châteaux forts à travers le pays (indice d'organisation administrative et militaire); à l'extérieur, grâce à son alliance avec Israël, il bat, ou du moins contient, Moab, Ammon et l'Edom.

L'auteur du Livre des Rois est enthousiaste à son sujet car le nouveau roi «suivit la voie d'Asa, son père, et fit ce qui est bien devant Dieu» *(1 Rois 22. 43)*. En effet, d'un point de vue religieux, le règne de Josaphat est une époque de restauration du culte de Dieu et de lutte contre les idoles; en particulier, Josaphat interdit les derniers «prostitués sacrés» du pays.

### Le *palais d'ivoire* d'Achab à Samarie

*1 Rois 22. 39* parle du «palais d'ivoire» que se serait bâti Achab dans sa capitale, et renvoie à ce propos à ce qu'en disent les *Annales des Rois d'Israël*, source perdue. Vers la fin du siècle dernier, on eut des doutes quant à l'existence de ce palais. Mais, depuis une première campagne de fouilles en 1908-1910, on a retrouvé des quantités extraordinaires de plaques d'ivoire dans les ruines de Samarie. Il ne fait plus de doute aujourd'hui qu'en effet la décoration intérieure et le mobilier du palais royal d'Achab étaient en grande partie incrustés d'ivoire — en très bel ivoire, sculpté à la phénicienne: sans doute sous l'influence de Jézabel.

Le règne d'Achab semble bien avoir été somptueux.

Un messager d'Achab vint trouver Micajéhu, et lui dit: «Tous les prophètes du roi annoncent qu'il vaincra l'Aram: dis-lui la même chose.» Micajéhu répliqua: «Je dirai *ce que Dieu* me dira de dire!»

Introduit auprès d'Achab, Micajéhu s'écria: «Je vois tout Israël perdu dans les montagnes, ainsi que des moutons qui n'ont plus de berger! Parole du Seigneur: *Israël n'a plus de chef. Qu'il n'y ait pas de guerre.*»

A ces mots, Cidécias se jeta sur Micajéhu et le gifla — Cidécias était un des faux prophètes d'Achab. Le roi d'Israël se leva alors, et dit: «Micajéhu, en voilà assez: tu resteras en prison jusqu'à mon retour victorieux!»
(1 Rois 22. 13-27)

## Micajéhu (ou « Michée, fils de Jimla ») et Cidécias

La première chose à dire à propos de *Micajéhu*, « Pareil à Yahvé » (?), est qu'il ne faut pas... le confondre avec Michée de Moréseth, l'auteur du livre du prophète Michée, qui vivra un siècle plus tard, en Juda ; c'est pour éviter toute équivoque qu'on a ici rendu le nom de Michée, fils de Jimla, sous sa forme hébraïque de *Micajéhu* et non sous sa forme francisée de *Michée*.

La même solution a été adoptée pour son adversaire le faux prophète *Cidécias*, ou Sidqiyahou, « Yahvé s'est montré juste » (voir aussi pp. 762-763), afin d'éviter de le confondre avec Sédécias, le dernier roi de Juda (VIe siècle av. JC), voir pp. 923 et 938.

La seconde observation à faire à propos de Micajéhu est plus importante et saute aux yeux : comme il annonce la vérité — la défaite d'Israël et la mort du roi — au lieu de répéter ce qui plaît, on ne l'écoute pas mais on le maltraite. Cassandre, dans l'*Iliade*, a le même destin tragique. Ce sera, jusqu'à Jésus... et jusqu'à nos jours, le sort de bien des défenseurs de la vérité, chrétiens ou non. Voir Jérémie, p. 959, notamment.

Inquiet à cause de ce qu'avait dit Micajéhu, *Israël n'a plus de chef*, Achab, au lieu de revêtir son armure royale, se déguisa en simple soldat : il savait que le roi d'Aram chercherait avant tout à tuer le roi d'Israël.

Entre l'Aram, d'un côté, et tous les Hébreux — Israël et Juda — de l'autre, la bataille fut violente. Par hasard, une flèche perdue atteignit Achab au défaut de la cuirasse. Il s'écroula, grièvement blessé. Le soir, il était mort.

On ramena son corps à Jezréel, puis à Samarie. Tandis que la procession funèbre traversait la vigne qui avait appartenu à Naboth, à l'endroit même où celui-ci avait été lapidé, des chiens se précipitèrent, attirés par l'odeur du cadavre, et ils léchèrent le sang d'Achab.
(1 Rois 22. 38)

**Les deux Livres des Rois**

La distinction entre le Premier et le Second Livre des Rois est purement pratique : on a divisé ce livre en deux morceaux tout simplement parce qu'il était trop long, trop gros, trop encombrant à manier.

Cette division est très ancienne, grecque probablement, mais a été ensuite adoptée par les juifs. On la maintient par tradition, pour s'y retrouver facilement (pour ne pas devoir renuméroter les chapitres et établir des tables de concordance), mais elle est donc, du point de vue du contenu, totalement arbitraire : c'est comme si l'on appelait « Premier et Second Livre des Misérables » les 600 premières et les 600 dernières pages du célèbre roman de Victor Hugo.

## Les « apparitions » d'Elie

Les « apparitions » d'Elie à l'endroit et au moment où l'on s'y attend le moins n'ont sans doute rien de miraculeux : sans doute Elie, avec sa grande intelligence et peut-être aussi l'aide particulière de Dieu, prévoit-il simplement le lieu et l'heure où il pourra délivrer le plus efficacement sa parole prophétique.

Cette faculté semble avoir vivement impressionné ses contemporains : pendant des mois on ne le voyait plus et puis, brusquement, il « apparaissait » là où il ne fallait surtout pas qu'il soit. Pour le rédacteur du Livre des Rois, c'est une image de la toute-puissance de Dieu : il est toujours là, mais ne se révèle de manière privilégiée que quand et où il le veut — et de la manière qu'il veut. Il surprend toujours (voir aussi pp. 764-765).

Ochozias, fils d'Achab, succéda à son père sur le trône d'Israël : comme lui, il se prosterna devant Baal et fit ce qui est mal aux yeux de Dieu. Ochozias régnait depuis deux ans lorsqu'il tomba du balcon de son palais, à Samarie ; il ne put se relever, car il était grièvement blessé. On le remonta dans sa chambre et on le déposa sur un lit. Il dit à ses gardes : « Allez consulter pour moi Baal-Zébub, le dieu d'Echron, pour qu'il me guérisse. » Ils partirent. Mais quelques minutes après, ils revinrent auprès d'Ochozias, et lui dirent : « A peine étions-nous sortis de Samarie qu'un homme étrange nous est apparu et nous a dit : *le roi mourra...* »
(1 Rois 22. 52-54 et 2 Rois 1. 2-5)

**Echron et Baal-Zébub**: voir pp. 458-463.

«Comment était cet homme?» demanda Ochozias, effaré. Les gardes lui répondirent: «Etrange, presque nu, vêtu de peaux de bêtes...» — «C'est Elie!» s'écria le roi, comme fou, «Ramenez-le-moi sur-le-champ!»

Le soir même, les gardes partirent. Déjà, il faisait nuit lorsqu'Elie leur apparut au sommet d'une montagne.

Le chef des gardes lui cria: «Toi qui te dis un homme de Dieu! Par ordre du roi, suis-nous!» Elie lui répliqua: «Si je suis un homme de Dieu, qu'un feu descende du ciel et vous dévore tous, toi et tes hommes!»

A l'instant même, une flamme jaillit du ciel et les dévora tous, lui et ses hommes.

(2 Rois 1. 7-10)

## Le feu du ciel : sa réalité, sa signification

L'épisode du feu du ciel pose deux questions, l'une pratique, l'autre morale ; et il appelle une observation curieuse. La question pratique est simple : Dieu peut-il faire tomber du ciel un feu qui anéantisse instantanément une cinquantaine d'hommes (le chef des gardes est appelé *cinquantenier*) ? Et la réponse — pour l'auteur biblique et pour les croyants — est tout aussi simple et nette : oui, Dieu, qui a créé de rien l'univers entier, peut très facilement annihiler cinquante personnes en une fraction de seconde s'il le désire.

Mais c'est ici que survient la seconde question : Dieu désire-t-il tuer ces pauvres gens d'une manière aussi démesurément vengeresse que ridiculement spectaculaire ? Et ici la réponse, simple en principe (non, bien sûr, Dieu n'est pas un monstre grotesque assoiffé de vengeance), se complique d'une sous-question évidente : alors, que s'est-il vraiment passé si Dieu n'a pas déchaîné le « feu du ciel » contre ces gardes ? On peut naturellement supposer qu'il s'est agi d'éclairs, foudroyant les gardes porteurs d'armes de métal au moment où ils arrivent au sommet de la montagne. C'est plausible, scientifiquement. Auquel cas, ce « prodige » doit être attribué à l'intelligence, à l'esprit d'observation... et à la chance du seul Elie. L'épisode du massacre des prêtres de Baal (voir pp. 742-744) montre que le prophète, lui, est bien un homme de l'Ancien Testament, et qu'il n'a pas de scrupules à exécuter ceux qu'il considère comme des adversaires de Dieu. Il peut avoir attiré les gardes dans un piège au sommet d'une colline où il a déjà depuis longtemps observé que la foudre s'abat volontiers. Mais ce n'est qu'une hypothèse.

En revanche, cette histoire de feu du ciel nous ramène curieusement à l'autre moment de triomphe d'Elie : lorsqu'un autre « feu du ciel » tombe — d'un ciel sans nuage cette fois ; il s'agit sans doute bien d'un miracle — sur l'autel de Dieu reconstruit par le prophète (voir pp. 742-743). Et l'on verra pp. 764-765 qu'Elie montera au ciel sur un char de feu, au milieu d'une sorte de « tourbillon » de flammes.

En réalité, il semble aujourd'hui que toutes ces histoires de feu procèdent de deux volontés du rédacteur. D'abord, décrire de manière concrète, visuelle, dramatique, le phénomène psychologique réel que constitue et surtout qu'inspire la personnalité d'Elie : il est, et surtout il apparaît, « flamboyant », « dévorant comme une flamme » (voir. pp. 736-737).

Ensuite, au temps d'Elie, le culte du feu est très fréquent chez les païens, tout autour d'Israël comme en Palestine elle-même ; il n'a pas encore complètement disparu à l'époque de la rédaction du Livre des Rois (VIe siècle av. JC). L'auteur, tout comme le prophète sans doute (voir pp. 742-743), veut montrer que c'est Dieu le maître du feu. Face à la religion de l'Egypte, la Bible montre avec les miracles de Moïse que le Nil et le Soleil ne sont pas des dieux, mais des forces naturelles auxquelles Dieu commande s'il le veut ; elle montre la même chose avec la pluie fécondante au Carmel (voir p. 744) ; elle montre encore ici la même chose avec le feu, et le feu du ciel (les éclairs).

**Ne voyant pas revenir les hommes qu'il avait envoyés, Ochozias dépêcha une seconde escouade. Mais, ayant elle aussi injurié l'homme de Dieu, elle fut anéantie, comme la première. Le roi envoya une troisième troupe de gardes. Celle-ci s'arrêta au pied de la montagne. L'officier qui la commandait monta lui-même, seul, vers Elie. Il tremblait. Arrivé auprès du prophète, il se prosterna devant lui. Puis, humblement, il dit: «Homme de Dieu, épargne nos vies, la mienne comme celles de mes hommes là en bas...»**

**«N'aie pas peur, je te suivrai», lui répondit Elie. Et ensemble ils rentrèrent au palais du roi. Elie dit à Ochozias: «Parole du Seigneur: *Puisque tu te prosternes devant Baal-Zébub, et non devant Dieu, tu mourrras.* Non, ô roi d'Israël: ce lit sur lequel on t'a déposé, tu ne t'en relèveras pas; c'est ton cadavre qu'on y enlèvera bientôt.»**

**Ochozias mourut quelques heures après. Comme il n'avait pas de fils, son frère, Joram, lui succéda sur le trône d'Israël.**

(2 Rois 1. 11-18)

### Se prosterner, s'agenouiller; la vie et la mort

A de très nombreuses reprises, déjà, on a vu dans la Bible des gens se prosterner, ou s'agenouiller, devant Dieu, des idoles ou d'autres personnes; on en retrouvera un exemple célèbre dans l'histoire de Jéhu (voir pp. 808-809). C'est un signe de respect universel. (On le retrouve dans la Chine impériale aussi bien que dans les rites chrétiens contemporains.) Car cela signifie évidemment: «je me reconnais plus petit que toi».

Elie annonce à Ochozias qu'*il mourra*: sa mort corporelle est l'image de sa mort éternelle puisqu'il se prosterne devant un faux dieu. Inversement, il dit au soldat qui, à travers lui, honore Dieu: «N'aie pas peur!», et cela est tout aussi symbolique que la menace au roi.

Elie n'a pas le droit de menacer ou de rassurer aucun homme quant à sa vie éternelle. Et il est en réalité peu probable qu'il l'ait fait. C'est sans doute, une fois de plus, une invention du rédacteur destinée à illustrer sa propre conception religieuse. Au VIe siècle, la vieille doctrine de la rétribution divine au-delà de la mort commence, surtout dans les milieux qu'on appellera plus tard hassidéens ou assidéens, puis esséniens et *pharisiens*, à se répandre et même à inspirer un profond bouleversement des croyances (voir p. 928). La «fin» d'Elie elle-même manifeste ce nouvel et fantastique espoir... mais d'une manière bien fantaisiste et individuelle encore (voir pp. suivantes; et aussi p. 1124).

### Ochozias (853-851) et Joram (851-843) d'Israël

Il ne faut pas confondre Ochozias et Joram d'Israël (de Samarie) avec leurs homonymes qui règnent sur Juda (à Jérusalem) très peu de temps après. C'est pourquoi, ainsi qu'on l'a déjà fait à propos de Micajéhu et de Cidécias (voir pp. 754-755) et qu'on le refera systématiquement pour éviter de dangereuses homonymies, on rendra les noms des seconds par Achazias et Jéhoram (voir pp. 790 et 811).

*Ochozias*, «Dieu [m'] a saisi», et son frère *Joram*, «Dieu est glorifié», règnent sur Israël de 853 à 851 et de 851 à 843 av. JC respectivement. De même que celle d'Achab, leur père, dont l'action est attestée par une inscription du roi Salmanasar III d'Assyrie, l'existence historique d'Ochozias et de Joram est confirmée par plusieurs documents non bibliques. A tous points de vue, leurs deux règnes, les 8e et 9e du royaume du Nord, sont médiocres, sinon mauvais.

### Rayon de la mort et soucoupe volante?

Certains lecteurs contemporains ont cru, avec par exemple l'essayiste Erich von Däniken, voir dans le «feu du ciel» une sorte de *rayon de la mort*, ou l'effet d'une quelconque arme extraterrestre; le «char de feu» qui vient soulever Elie (voir pp. 764-765) serait une *soucoupe volante*: l'astronef des Extraterrestres venant récupérer leur messager (le prophète) lorsque sa mission est accomplie. L'arche d'alliance, par laquelle Moïse parle à Dieu, serait une radio (pour communiquer avec ses employeurs extraterrestres). Etc.

Cette hypothèse, captivante si on lit quelques minuscules «morceaux choisis» de la Bible en négligeant leur sens, s'évanouit dès qu'on lit l'Ancien Testament tout entier. Dieu y apparaît constamment sous l'imagerie — à vrai dire universelle dès qu'on veut symboliser la puissance — des éclairs, des nuages, du feu, de toutes sortes de forces naturelles redoutables: tremblements de terre, éruptions volcaniques, orages, tornades, etc. Voir, pour un très bel exemple, le psaume 18, farci de phénomènes de ce genre, et panachés de telle manière qu'il saute aux yeux qu'il s'agit bien d'images littéraires.

Dans les passages historiques, comme tous ceux racontant la vie d'Elie, le rédacteur a fait de ces images «du merveilleux», comme on en trouve dans la *Chanson de Roland* ou la *Légende dorée*. Mais lui-même, et son premier public, savaient à quoi s'en tenir: ce sont des manières de parler, des conventions littéraires (voir *Le feu du ciel: sa réalité, sa signification,* p. 761, et voir aussi pp. 784-787). Il peut apparaître moins naïf — et plus scientifique... — de voir dans l'Ancien Testament la révélation progressive d'un Dieu-Amour que d'y repérer des fantasmagories inspirées de l'état des techniques — et de la littérature de fiction — en cette fin du XXe siècle.

**Elie et Elisée marchaient le long du Jourdain, près de Jéricho; l'un et l'autre savaient que Dieu ne tarderait plus à rappeler son prophète auprès de lui. Elie dit à son compagnon: «Avant de t'être enlevé, que puis-je faire pour toi?» Elisée répondit: «Fais descendre sur moi ton esprit.» Elie affirma: «Si tu me vois marcher vers Dieu, c'est qu'il exauce ta demande.»**

**Alors, Elie enleva son manteau, le plia et en frappa les eaux du Jourdain: elles se séparèrent et ils traversèrent la rivière à pied sec.**

**Tandis qu'ils parlaient encore, un feu enveloppa Elie et, dans un grand fracas de flammes, des chevaux de feu l'emportèrent au ciel sur un char de feu; Elisée le voyait monter dans le tourbillon des flammes et il hurlait: «Mon père! mon père! chars et chevaux d'Israël!»**
(2 Rois 2. 1-12)

**Moïse et Elie: la transfiguration**

De même que Moïse avait traversé la mer Rouge à pied sec, et était mort sur le mont Nébo, Elie traverse le Jourdain et... se retrouve dans la région du Nébo: le rédacteur du Livre des Rois veut faire d'Elie un second Moïse.

Lors de la Transfiguration de Jésus, Elie apparaît à côté de Moïse. Cette double apparition est d'abord un symbole: les Evangélistes veulent montrer que le Christ *accomplit* «la Loi» (Moïse) et «les Prophètes» (Elie), c'est-à-dire la totalité des Ecritures juives. Mais c'est aussi une observation. Après sa mort, jamais on ne retrouva le tombeau de Moïse (voir *Deutéronome 34. 6)*; ici l'on voit Elie monter au ciel sans même mourir: Moïse et Elie sont les deux seuls personnages de l'Ancien Testament dont chacun pouvait penser qu'ils étaient *déjà* auprès de Dieu (tous les autres «attendant» encore la résurrection du Messie et le Jugement).

### « Mon Père ! Chars et chevaux d'Israël ! »

Dans les cris affolés et désespérés d'Elisée, « Mon Père ! mon père ! » est facile à comprendre : le disciple voit dans le prophète qui l'a formé *son père spirituel* (voir p. 792).

Mais certains ont cru comprendre, à propos de « Chars et chevaux d'Israël », qu'Elisée reconnaissait dans le mystérieux équipage de feu la cavalerie céleste au service d'Israël. Cette « cavalerie » existe en effet dans l'esprit du rédacteur du Livre des Rois (voir, par exemple, pp. 784-786) ; mais ici, il s'agit d'une comparaison. Elisée voit dans le départ de « son père », Elie, une perte aussi grande, pour son pays, que celle que constituerait la disparition de tous les « chars et chevaux d'Israël » — les cavaleries de Samarie et de Judée. Au service du peuple de Dieu, le prophète vaut toute une armée.

### L'Ascension et la Pentecôte

Si la montée au ciel d'Elie annonce, vaguement, l'Ascension de Jésus, la demande d'Elisée : « Fais descendre sur moi ton esprit », préfigure plus nettement ce qui se passera chez les apôtres le jour de la Pentecôte chrétienne (*Actes 2. 1-13*) : tandis que le maître s'en va, « monte » auprès de Dieu, son esprit « envahit » son ou ses disciples(s), sous une forme que les rédacteurs bibliques décrivent comme un « tourbillon » de « flammes » ou un « coup de vent » suivi de l'apparition de « flammèches ».

On peut penser que saint Luc, l'auteur des Actes des apôtres, s'est inspiré de ce récit, sans doute plus symbolique qu'historique lui aussi, du Livre des Rois.

**Depuis le règne de David, le roi de Moab était vassal du roi d'Israël et lui payait tribut. Chaque année, Moab devait offrir à Israël cent mille moutons. Mais, lorsqu'il apprit la mort d'Achab, Mésa, roi de Moab, se dit: «Pourquoi payerais-je encore un tribut à Israël?» Et il refusa d'offrir agneaux et moutons à Ochozias, comme il l'avait fait à son père, Achab.**

**Cependant, bientôt Ochozias mourut, lui aussi, et Joram, le nouveau roi d'Israël, rassembla toute son armée pour mater la révolte de Mésa. Puis il invita Josaphat, roi de Juda, à se joindre à sa campagne contre Mésa, en disant: «Mon frère, je vais partir en guerre contre Moab. Viendras-tu avec moi?» Josaphat répondit: «Oui, si du moins Dieu veut de cette guerre.» Comme Joram avait détruit l'autel de Baal que son père, Achab, avait bâti à Samarie, Josaphat eut confiance, et il joignit ses troupes aux troupes de Joram. «Par où attaquerons-nous?» demanda Joram; «Nous irons par le sud, par l'Edom, répondit Josaphat, et ainsi nous emmènerons avec nous mon vassal, le roi d'Edom.»**

**Les trois rois se mirent en marche, à la tête d'une très grosse armée. Mais cette triple armée était si vaste et si désordonnée qu'au bout de sept jours elle n'avait plus d'eau pour boire. Josaphat fit venir Elisée. Le prophète leur dit: «Dieu vous livre Moab; vous ne mourrez pas de soif. Creusez des fosses au fond de ce ravin et Dieu les remplira d'eau.»**

**Les soldats creusèrent tout le jour sous le soleil; la nuit, il n'y eut pas non plus une seule goutte de pluie. Cependant, le lendemain matin, à l'heure de la prière, les fosses débordaient d'eau fraîche.**

**Vue du camp de Moab, en face, au soleil levant, cette eau paraissait rouge. Les gens de Moab la virent et s'écrièrent: «Du sang! Les trois armées se sont battues entre elles et leur camp ruisselle de leur sang! Au pillage, Moab, au pillage!» Et ils s'élancèrent vers le camp d'Israël.**

**Alors les soldats d'Israël, qui s'étaient rassasiés de l'eau venue de Dieu, les attaquèrent et les frappèrent: ils écrasèrent les troupes de Moab, entrèrent dans le pays et le dévastèrent.**

(2 Rois 3. 1-25)

### A propos des doublets

On a suggéré, pp. 586-587, que les répétitions de scènes se ressemblant «étrangement» et que les exégètes appellent *doublets* n'étaient peut-être pas des répétitions littéraires d'un seul fait historique, mais au contraire le rapprochement, la mise en parallèle littéraire de deux ou plusieurs faits historiques distincts. C'est en tout cas ce qui se produit ici. La campagne de Joram et de Josaphat, contre Moab, ressemble «étrangement» à la campagne d'Achab (père du premier) et de ce même Josaphat, contre l'Aram.

Mais ici on a la preuve historique, indépendante de la Bible, de la réalité de ces deux guerres. Les archives d'Assyrie parlent des relations d'Achab et du roi d'Aram, et la *stèle de Mésa* (voir p. suivante) atteste la campagne d'Israël contre Moab.

C'est donc bien, pour ces deux histoires au moins, l'auteur qui en a consciemment, volontairement, accentué les traits communs. Dans quel but? Pour mieux en tirer ce qu'il voulait y lire, bien entendu. La première fois, Achab part en guerre *contre* l'avis du prophète Micajéhu: il est tué. La seconde fois, Joram se met en route *avec* le prophète Elisée: il est vainqueur.

Cette volonté d'enseignement est d'autant plus frappante qu'on sait aujourd'hui, de nouveau par une source non biblique (toujours la *stèle de Mésa*), qu'en réalité la «victoire» de Joram et Josaphat ne fut, au mieux, qu'une demi-victoire: le roi de Moab affirme en effet avoir lui aussi remporté une «triomphale» victoire contre Israël, qu'il affirme avoir laissé «ruiné à jamais» (voir p. suivante).

### L'eau rouge comme du sang

Le miracle d'Elisée — l'eau remplissant les fosses sans qu'il pleuve — paraît aujourd'hui aussi facile à expliquer que la plupart des miracles de Moïse en Egypte.

Aujourd'hui encore, dans la région au sud-est de la mer Morte (la région même de la bataille) les bergers assoiffés creusent parfois les lits desséchés des oueds; à partir d'une certaine profondeur, variable selon les lieux et les saisons, les eaux ruisselant en souterrain des plateaux voisins viennent remplir ces trous. Et ces eaux sont souvent rougeâtres, à cause des terrains traversés: généralement du tuf, léger, poreux, friable, et ocre, rose, pourpre ou rouge.

Peut-être Elisée a-t-il hérité de son maître Elie le sens aigu de l'observation qui lui a permis d'accomplir ce «miracle» dans une région que lui seul, parmi les Hébreux et les Edomites, avait déjà visitée. Peut-être aussi — mais pourquoi l'affirmer, sans preuve? — cet épisode est-il imaginaire, ou du moins très fortement romancé: car on voit mal, évidemment, que les Moabites, eux, n'aient pas compris ce qui se passait.

**Moab vassal de David:**
voir pp. 608-609

**Quand Mésa vit qu'il avait perdu la guerre, il se réfugia dans sa forteresse d'Haréseth. Il prit son fils, son premier-né, son héritier, et debout au sommet des remparts de la forteresse, face aux armées qui combattaient encore, il l'égorgea et l'offrit en sacrifice à Camoch, son dieu.**

**Israël, épouvanté, prit la fuite.**

(2 Rois 3. 25-27)

### La *stèle de Mésa*

En 1868, le missionnaire allemand F. A. Klein découvrait dans les sables des alentours de Diban (petit bourg à 65 km au sud d'Amman, en Jordanie) un énorme bloc de basalte taillé de 1,10 m de haut, gravé de lettres qui semblaient être de l'hébreu.

Enthousiaste, Klein veut l'acheter aux Arabes de la bourgade voisine. Mais là un jeune orientaliste français de vingt-deux ans, Charles Clermont-Ganneau, entendant parler de sa découverte, le devance et revient le premier à Diban. Il retrouve la pierre, l'étudie sommairement — sous la surveillance d'Arabes méfiants — puis rentre à Jérusalem et envoie, lui aussi, un rapport enthousiaste à Paris. Après quelques mois, la France lui envoie l'argent nécessaire à l'achat. Il retourne à Diban... plus de stèle! A sa place, un trou noirâtre: les gens du bourg l'avaient fait exploser à la poudre à fusil pour la vendre fragment par fragment! Sans se décourager, Clermont-Ganneau part aussitôt à la recherche des morceaux déjà vendus, et des autres. Au terme d'invraisemblables marchandages, il réussit à rassembler les vingt morceaux les plus importants. Quand, de son côté, Klein achève de réunir la somme qu'on lui a demandée, la stèle... vogue déjà vers le Louvre, où elle se trouve aujourd'hui.

### Mésa de Dibon, roi de Moab

La stèle de Mésa est gravée en moabite, une langue sémitique extrêmement proche de l'hébreu de la même époque. On y lit notamment les mots:

*Je suis Mésa, fils de Camoch, roi de Moab, de Dibon. (...) Omri, roi d'Israël, opprima longtemps Moab, car Camoch châtiait son peuple. Son fils et successeur dit: « Moi aussi j'opprimerai Moab. » C'est sous mon règne qu'il déclara cela, mais je remportai sur lui et sa dynastie une victoire triomphale, et je laissai Israël ruiné à jamais.*

Cette stèle a, depuis lors, été authentifiée et datée avec précision; elle date de 842-840 av. JC: c'est le plus ancien document écrit connu de Palestine. Dibon, l'actuelle Diban, était la capitale de Moab. Haréseth s'appelle aujourd'hui El-Kérak (Al Karak); elle se trouve à 58 km au sud de Diban; on y voit encore la forteresse où Mésa sacrifia son fils.

Il nous est difficile d'apprécier aujourd'hui l'émotion des spécialistes de la Bible qui déchiffrèrent sur la stèle, voici un siècle, les noms de Moab, Mésa, et Camoch, qui n'étaient connus que par l'Ecriture; quelques savants déclarèrent que le document ne pouvait être qu'un faux. Mais non: la Bible avait raison.

### Une fin « en queue de poisson »

Notre narration ne cherche pas à cacher que la fin du récit de la campagne contre Mésa s'achève abruptement, « en queue de poisson ». Puisqu'ils sont arrivés jusqu'à Haréseth, il semble que le début de la guerre ait été un succès pour les trois rois coalisés; mais il semble aussi que sa fin ait mal tourné pour eux, puisque d'une part Moab devient effectivement indépendant d'Israël à partir de cette date, et que d'autre part la stèle de Mésa et la Bible s'accordent pour dire que la fin de la campagne a vu la déroute des Hébreux.

Peut-on douter de l'occasion de ce retournement de la situation militaire, du sacrifice du fils du roi? Certes, Mésa n'en parle pas sur sa stèle... mais aurait-il eu lieu de s'en vanter ou de s'en réjouir? Hélas, tout laisse croire au contraire que la Bible dit vrai: ces sacrifices étaient fréquents chez tous les peuples de Palestine, sauf chez les fidèles de Dieu (voir pp. 114-115, par exemple). On peut croire que les Moabites ont été galvanisés par le sacrifice barbare mais héroïque de leur roi, tandis qu'au contraire les Hébreux en ont été terrorisés.

Quel contraste ne voit-on pas déjà, en effet, entre ce sacrifice et celui de ses deux bœufs par Elisée!

# Elisée

## Le fils de la Sunamite
## Naaman - Les Araméens aveuglés

Il est facile, mais néanmoins utile,
de contraster les caractères d'Elie et d'Elisée.
Le maître est solitaire, impérieux, intransigeant, surhumain ;
le disciple est sociable, amical, accommodant, humain.
Elie est sombre, théâtral, toujours prompt à condamner.
Elisée est souriant, simple, toujours prêt à pardonner.
Deux types de tempérament, deux types de vocation, de mission ;
deux formes de sainteté.
C'est Elie qui a choisi Elisée — selon l'inspiration divine, évidemment.
Et le disciple a été effaré de la perte de son maître.
Sous prétexte de contraste, il ne faut pas opposer Elie et Elisée :
leurs actes se complètent...
et c'est bien ainsi qu'ils l'entendaient eux-mêmes.
Elie incarne l'Ancien Testament ; Elisée annonce le Nouveau.
Qui complète, accomplit,
mène à sa perfection, à sa « plénitude » l'Ancien, mais ne le renie pas :
sans l'un, l'autre n'eût pas été possible.

Un jour qu'il passait par Sunam, Elisée fut invité à dîner par un couple très croyant. Ils devinrent amis. Chaque fois qu'il venait à Sunam, Elisée logeait dans la chambrette sur la terrasse du toit que ses amis avaient construite pour lui.

La femme était jeune, mais son mari était déjà vieux; et ils n'avaient pas de fils. Elisée dit à la jeune femme: «L'an prochain, au temps fixé, tu nourriras un fils dans tes bras.» Elle s'écria: «Mon Seigneur l'homme de Dieu! Ne me donne pas de faux espoirs!» Mais, au fond de son cœur, elle eut confiance en la parole du prophète.

Et l'année suivante, comme l'avait dit Elisée, elle attendit un enfant: ce fut un garçon et elle eut la joie d'allaiter son fils.
(2 Rois 4. 8-17)

**Sunam**: voir pp. 590-591 et 674-676

## Encore une naissance «miraculeuse»...

Pour l'auteur du Livre des Rois, la naissance du fils de cette femme est un don de Dieu en réponse à sa foi. Elle fait écho aux naissances, également prédites et «miraculeuses», d'Isaac, chez Abraham et Sara (voir p. 96), et de Samson, chez Manoé le Danite et sa femme (voir p. 434).

Et, comme elles, elle annonce les naissances de Jean-Baptiste et de Jésus lui-même (voir notre commentaire p. 434).

## ... ou bien une naissance adultérine?

S'il est plus difficile d'attribuer la naissance d'Isaac aux «anges» venus voir Abraham et celle de Samson à l'«ange» qui apparaît à la femme de Manoé, tout, à première vue, rend plausible — sinon probable — l'idée selon laquelle ce bébé qui naît ici... serait simplement le fils d'Elisée.

La femme est jeune, et rien ne dit qu'elle est vilaine; son mari est vieux, et on peut craindre qu'il ne la satisfait plus guère sexuellement; ils sont très liés avec Elisée, qui vient souvent chez eux; enfin, c'est la femme elle-même qui suggère à son mari — voir *2 Rois 4. 9-10* — d'installer pour «l'homme de Dieu» une chambrette sur le toit (chose tout à fait courante en Palestine).

Mais, d'une part, c'est mal connaître la méfiance des peuples sémites que d'imaginer, pour une histoire comme celle-ci, que le mari n'ait pas pris de garanties contre pareille mésaventure. Quelles garanties? Pratiques d'abord, peut-être — il avait sans doute des serviteurs (et «l'homme de Dieu» lui aussi en était accompagné: la Bible donne le nom de l'un d'entre eux, Guétiazi). Humaines, ensuite, certainement: il n'admet pas n'importe qui chez lui.

D'autre part, les relations qu'Elisée garde avec ces gens après la naissance indiquent que, malgré les circonstances humainement incroyables, le mari ne l'a jamais soupçonné (voir pp. suivantes). Enfin, rien ne dit que cette femme et son mari n'avaient pas déjà d'autres enfants, des filles: c'est un fils qu'ils n'ont pas, et qu'Elisée leur prédit.

En réalité, le fond de l'affaire, c'est qu'Elisée est bien *un homme de Dieu*, et ses hôtes aussi; et ils lui font confiance. C'est ce qu'affirme le Livre des Rois, et son auteur n'apparaît nulle part comme un naïf ou un idiot. Alors, qu'a-t-il pu se passer? On peut toujours estimer que l'histoire tout entière est inventée (voir pp. 734-735) pour illustrer la gloire du prophète et la toute-puissance créatrice de Dieu — ces deux intentions sont là, en effet, sans aucun doute. Mais, en l'absence d'indice positif en ce sens, on peut tout aussi bien croire que cette histoire est vraie et que Dieu, pour une nuit au moins, a rendu sa jeunesse au mari; et peut-être ce «miracle» est-il au fond plus psychologique que physiologique!

L'enfant grandit et devint un garçonnet. Un jour qu'il était auprès des moissonneurs avec son père, il cria : « Oh, ma tête, ma tête » ! Son père se précipita et le prit dans ses bras, mais l'enfant tomba évanoui.

On le ramena chez lui, et sa mère le berça sur ses genoux. Cependant, à midi l'enfant mourut.

**La femme dit à son mari: «Monte notre enfant dans la chambre d'Elisée, dépose-le sur son lit et ferme la porte. Moi, je cours chez lui, chez l'homme de Dieu, au Carmel.»**
(2 Rois 4. 18-25)

## De Sunam au Carmel

Lorsque la jeune mère dit qu'elle «court» chez l'homme de Dieu, c'est une expression pour manifester sa précipitation: il y a 20 km de Sunam au mont Carmel! En fait, elle y va à dos d'âne. Normalement, ce voyage prendrait, sans doute, avec le retour, une bonne journée. Comme elle est partie aussi vite que possible après midi — l'heure de la mort de son fils — mais qu'en revanche elle a trotté presque sans arrêt, on peut toutefois estimer qu'elle est arrivée auprès d'Elisée vers trois ou quatre heures, et qu'ils ont pu, toujours à marches forcées, être de retour dans la soirée, peu de temps avant la nuit.

## Une insolation?

L'enfant a pu être frappé de la variante la plus grave de ce qu'on appelle le «coup de soleil»: une insolation. Il travaillait ou jouait dans les champs, sous la chaleur torride du temps des moissons, sans guère de protection, vraisemblablement, contre le soleil.

Il a eu un formidable mal de tête — symptôme classique de l'insolation — après les premiers indices auxquels, enfant, il a pu ne pas faire attention: respiration haletante, fébrilité, absence de sueur. Aussitôt après le mal de tête, sans doute, il a commencé à délirer, peut-être à avoir des convulsions; cela expliquerait que sa mère l'ait pris dans ses bras pour le calmer. Mais il est devenu tout rouge tandis que sa fièvre montait à 40° ou 41°; enfin, presque certainement, il est tombé dans le coma.

Est-ce ce coma que ses parents ont pris pour la mort? C'est probable. Car un coma extrême, pour des gens peu avertis, ressemble à la mort, surtout s'il succède brutalement à l'agitation délirante. Immédiatement transporté à l'ombre, mais dans une pièce bien chauffée (la chambrette d'Elisée sur le toit), le garçonnet a pu vivre «entre la vie et la mort» jusqu'à l'arrivée du prophète, peut-être le soir même.

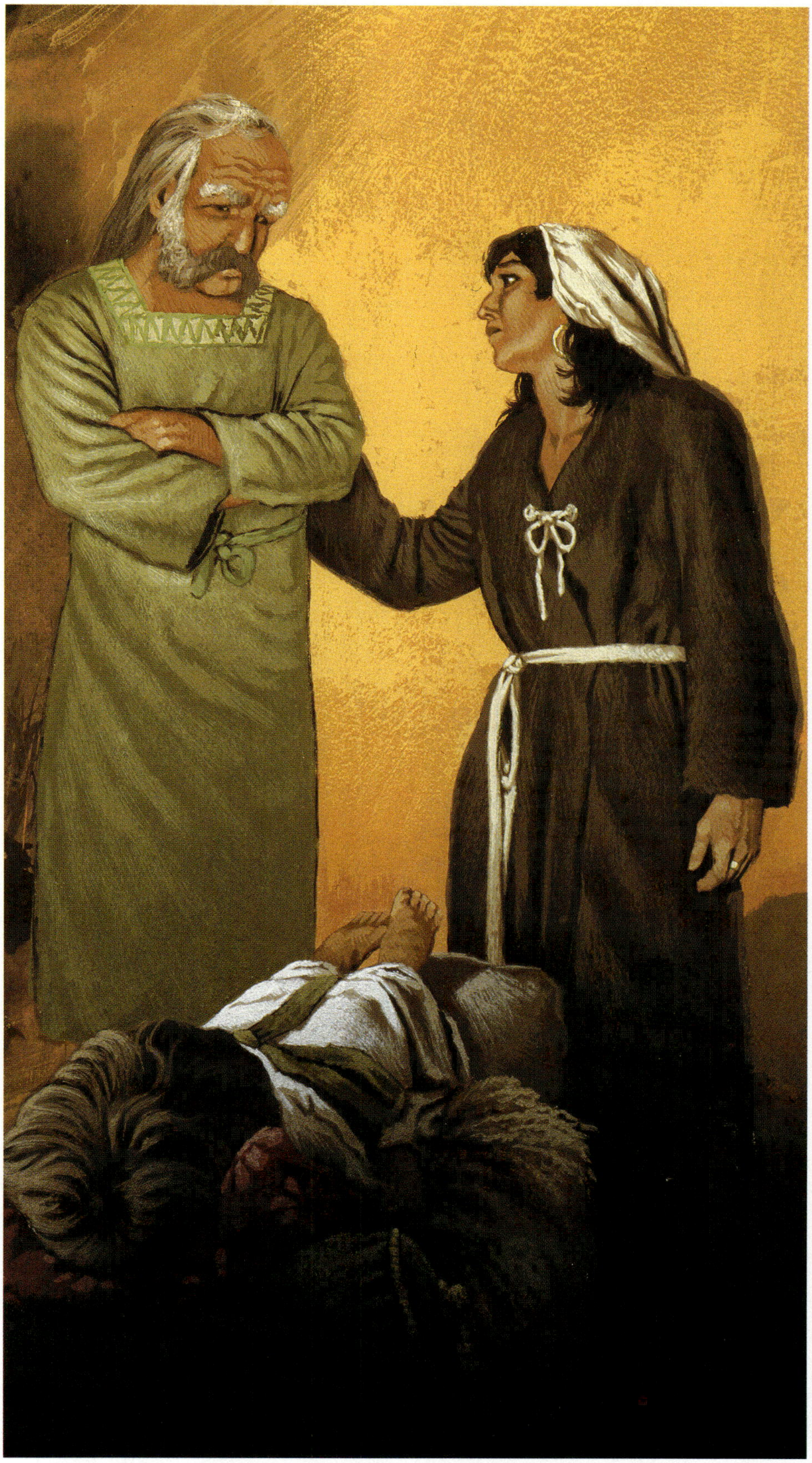

**Les moissonneurs**: voir pp. 488-493 et suivantes

**La femme dit à Elisée: «Est-ce moi qui t'avais demandé un enfant? Et ne t'avais-je pas dit: *Ne me donne pas de faux espoirs?* Mon fils est mort! Homme de Dieu! Je ne partirai pas d'ici sans toi!»**

**Elisée, bouleversé, se leva aussitôt et la suivit. Arrivé chez ses amis, il monta dans sa chambre et s'y enferma auprès de l'enfant mort. Longuement, il pria Dieu. Puis il se coucha trois fois sur le corps de l'enfant.**

(2 Rois 4. 27-34)

### La respiration artificielle?

D'après les mouvements que fait Elisée, on pourrait croire qu'il fait à l'enfant «mort» la respiration artificielle. Le verset 4.34 semble même indiquer qu'il pratique le *bouche à bouche*. Mais ce n'est sans doute pas cela. Durant le coma — si c'est bien dans le coma que se trouve l'enfant — on respire; si l'enfant n'avait plus respiré depuis midi, alors qu'on est en fin d'après-midi, il serait certainement mort depuis longtemps.

*Peut-être* Elisée connaît-il un «truc» pour ranimer les comateux; *peut-être* sa chaleur a-t-elle suffi, survenant au bon moment dans l'évolution spontanée du coma de l'enfant (qui se serait donc, *peut-être*, réveillé, tout seul, quelques heures ou quelques minutes plus tard).

Tout cela est possible. Mais ne rend pas compte de l'essentiel. Qui est la foi et la prière d'Elisée: à ses propres yeux, c'est sa confiance en Dieu qui réveille le garçonnet. Y a-t-il miracle? Oui, *certainement*, au sens doctrinal du mot: un signe de Dieu.

**Couché sur le corps de l'enfant, Elisée le réchauffait; et il priait Dieu de tout son cœur. Soudain, le garçonnet éternua; il éternua sept fois de suite, puis il ouvrit les yeux et se redressa.**

**Elisée appela sa mère, qui accourut; l'enfant sauta dans ses bras. Alors, elle se prosterna aux pieds du prophète et le remercia de lui avoir donné un fils pour la seconde fois.**
(2 Rois 4. 34-39)

### L'éternuement

Pourquoi l'auteur dit-il que le garçonnet éternue sept fois? Sept fois, c'est un nombre symbolique: cela veut seulement dire un grand nombre de fois, pour bien manifester que l'enfant éternue. Mais justement, à quoi bon cette précision? Parce que, dans l'Antiquité, la vie apparaît comme le *souffle vital*; «vivre» et «respirer» sont synonymes (cf. notre actuel «expirer» qui a toujours les deux sens de «faire sortir l'air des poumons» et «mourir»). L'éternuement est simplement la manifestation la moins équivoque du fonctionnement des poumons, donc de la respiration, donc de la vie.

Lorsque Dieu créa l'homme, «il souffla son haleine de vie dans les narines de l'homme, et ainsi Adam commença de vivre» (voir pp. 36-37). Elisée fait de même avec le garçonnet; c'est le vrai sens de son *bouche à bouche*. Dieu donne — ou rend — la vie.

**Elie et la ressuscitation du fils de la veuve de Sarepta**: voir pp. 734-735

**Les doublets**: voir pp. 766-767

**Naaman, le général en chef du roi d'Aram, était très aimé de son maître, car c'était un soldat plein de vaillance et d'habileté. Mais Naaman était lépreux. Or sa femme avait comme servante une fillette israélite: les guerriers d'Aram l'avaient emmenée en esclavage, après leur victoire contre Samarie.**

**La fillette dit à sa maîtresse: «Il y a en Israël un homme de Dieu qui pourrait guérir ton mari.» Naaman vint trouver Elisée. Mais avant même qu'il atteigne sa maison, l'homme de Dieu lui envoya un serviteur qui lui dit: «Plonge-toi dans le Jourdain, et tu seras purifié.»**
(2 Rois 5. 1-10)

### La fillette prisonnière

Naturellement, la Bible ne dit rien de cette fillette d'Israël, emmenée comme prisonnière par les Araméens; on ne connaît même pas son nom. Mais toutes les informations historiques concernant la vie du temps montrent qu'il est parfaitement possible qu'une enfant, emmenée captive par les soldats qui ont peut-être tué son père et sa mère, entre sans arrière-pensée — au moins consciente — au service de ses nouveaux maîtres. La force apparaissait comme la seule base des relations entre les Etats: «Nous sommes battus, mes parents sont tués, je deviens esclave de leurs meurtriers; c'est cruel mais c'est normal: c'est la vie.»

Si, ensuite, elle est personnellement bien traitée par ses maîtres, comme apparemment ici par la femme de Naaman, l'enfant peut trouver tout naturel un acte qui risque de nous apparaître comme une traîtrise: elle offre en effet de guérir le général en chef des assassins de ses parents et des plus grands ennemis de son pays!

Aujourd'hui, entre deux pays en guerre, ou idéologiquement séparés, les informations passent difficilement; les dirigeants de beaucoup de pays totalitaires essaient de rendre leurs frontières imperméables aux idées. Il n'en était pas ainsi il y a 2800 ans. La guerre était une affaire de princes et de soldats; les marchands (et les nouvelles) circulaient partout. Quand, sans doute, la rumeur d'un nouveau «miracle» d'Elisée atteint l'Aram, la fillette — elle devait avoir 12 ou 13 ans — se souvient de ce qu'on racontait de lui quand elle était toute petite. Et, par pure bonté humaine, sans aucun scrupule politique ou religieux, elle parle à sa maîtresse.

### Dieu universel et tout-puissant

Elisée considère que la bonté de Dieu s'étend à tous les hommes, et il décide de guérir le général en chef des plus grands ennemis de son pays (voir aussi l'histoire de Jonas, en particulier p. 720). Pourquoi n'accueille-t-il pas Naaman en personne? Peut-être par discrétion — après tout, c'est un peu comme si un maréchal de l'Armée Rouge venait demander la guérison... au Vatican! Sans doute veut-il surtout montrer que ce n'est pas lui, mais Dieu, qui agit («et *tu seras* purifié»), et que Dieu n'a aucun besoin de contact physique pour agir.

**La victoire d'Aram contre Samarie**: voir p. 756

*vers 845 av. JC*

Après quelques hésitations, Naaman fit ce qu'Elisée lui avait commandé. Il se plongea dans le Jourdain, et il fut purifié : sa peau redevint douce comme celle d'un enfant.

Sur-le-champ, il retourna chez l'homme de Dieu et lui dit : « Maintenant, je sais qu'il n'y a pas d'autre dieu que le Dieu d'Israël. Je le servirai, de tout mon cœur. Mais Dieu me pardonnera-t-il si je me prosterne dans le temple des faux dieux, à Damas, quand le roi s'appuie sur mon bras pour se prosterner lui-même ? »

Elisée lui répondit : « Va en paix. »

(2 Rois 5. 11-19)

### «Gorbatchev guéri par un miracle du Pape!»

On imagine la stupéfaction des foules, tant à l'Est qu'à l'Ouest, si on lisait demain cette manchette dans les journaux! La guérison de Naaman, c'est un peu cela. On imagine que, s'il était ainsi miraculeusement guéri, le chef de l'Armée Rouge se convertirait instantanément. L'Eglise lui permettrait-elle de rester au service de l'Empire soviétique, et même d'assister aux congrès du parti communiste? Elisée répond *oui* (voir aussi p. 787).

Peut-être ce miracle est-il une des sources des *baptêmes* dans l'eau du Jourdain comme les pratiquera Jean-Baptiste, mais l'Evangile ne parle pas de Naaman au moment du «baptême» de Jésus. Le Messie lui-même évoque le général araméen dans la synagogue de Nazareth pour opposer sa foi au manque de foi de ses compatriotes *(Luc 4. 27)*; et en effet, jusque dans les détails, cette guérison à distance d'un officier païen préfigure celle de l'esclave du centurion romain *(Luc 7. 1-10)*.

**Cependant, la guerre recommença entre l'Aram et Israël. Chaque fois que le roi d'Aram tenait conseil avec ses seuls généraux — il disait: « Tendons une embuscade à Israël à tel endroit » — Elisée le savait et en avertissait le roi d'Israël. Bientôt, le roi d'Aram soupçonna qu'un de ses généraux le trahissait. Mais un officier le prit à part et lui dit: « Personne ne te trahit. C'est Elisée, l'homme de Dieu d'Israël, qui sait tout. Il sait même ce que tu murmures dans ta chambre à coucher. »**

**Le roi dit alors: « S'il en est ainsi, capturons cet homme! Allez! Trouvez-le et faites-le prisonnier. » Les espions du roi d'Aram découvrirent qu'Elisée était à Dothan, et le roi y envoya aussitôt une forte troupe armée.**

(2 Rois 6. 8-14)

### Naaman trahit-il?

Est-ce Naaman qui, en reconnaissance envers Elisée, prévient celui-ci des plans secrets du roi d'Aram? C'est extrêmement peu probable puisque, précisément, Elisée lui a en quelque sorte recommandé de rester loyal à son roi. (Ce que Naaman a pu faire, conformément au vœu implicite — « va en paix » — d'Elisée, c'est tenter d'arrêter la guerre entre Israël et son pays. Mais cela, c'est tout le contraire de la trahison soupçonnée par le roi.)

Alors, comment Elisée peut-il être au courant? On ne le sait pas, et c'est peut-être un nouveau miracle.

### Dieu voit tout et sait tout

La mystérieuse source de renseignements d'Elisée permet à l'auteur du Livre des Rois d'inclure un peu de théologie très simple. Si le prophète est au courant, c'est parce qu'il est miraculeusement informé par Dieu, qui sait tout, absolument tout. Pour beaucoup, dans l'ancien temps mais encore aujourd'hui, c'est déjà « magique » ou « miraculeux » si Dieu apprend ce qui a été dit à voix basse, murmuré sans témoin possible; mais la doctrine de l'*omniscience*, telle qu'elle était joliment définie dans le *Petit Catéchisme*, va au bout: « Dieu sait tout, même nos *pensées* les plus secrètes; il voit tout, même les choses à venir. »

### Dothan

On a déjà rencontré Dothan dans la Genèse, dans l'histoire de Joseph (voir pp. 150-151). Au temps des patriarches (Abraham, Isaac, Jacob, Joseph), Dothan était déjà une bourgade. Samarie n'existait pas. Au IXe siècle av. JC, Samarie est la capitale d'Israël, et Dothan, qui se trouve à 16 km au nord de cette ville, devient le relais sur la route des caravanes de Samarie à Damas.

Au temps d'Elisée, Dothan est donc une ville relativement importante. On en a retrouvé les ruines, assez hautes et étendues, au Tell Dotan; des fouilles ont montré que l'endroit était habité depuis le IIIe millénaire av. JC.

*vers 845 av. JC*

De bon matin, le serviteur d'Elisée se leva et vit la troupe araméenne qui encerclait la ville; affolé, il réveilla son maître en criant: «Aram! Aram!» Elisée s'avança et regarda, puis il dit: «N'aie pas peur! Nos amis sont plus nombreux que nos ennemis. O mon Dieu, ouvre-lui les yeux et qu'il voie lui aussi ce que tu me fais voir.»

Les yeux du serviteur s'ouvrirent et il vit, lui aussi, une armée innombrable qui les entourait, eux, la ville et tous ceux qui les encerclaient: c'était comme si le désert et la montagne étaient recouverts de chars et de chevaux de feu.
(2 Rois 6. 15-17)

*Lire page 786:*
**Les chars et les chevaux de feu:**
**Les armées célestes**

**Les Araméens ne voyaient pas, eux, l'armée innombrable que voyaient Elisée et son serviteur, et ils s'avançaient vers la ville.**

**Elisée pria Dieu; il dit: «Oui, ô mon Dieu, aveugle ces gens!» Et ils furent frappés d'aveuglement: au moment où ils arrivaient aux portes de la ville, ils ne virent plus rien: ils étaient aveugles. Elisée leur dit: «Vous êtes perdus. Suivez-moi; je vais vous conduire dans la ville et auprès de l'homme que vous cherchez.»**

**Et tous les guerriers d'Aram, sans exception, suivirent le prophète d'Israël... qui les conduisit à Samarie!**

**Lorsqu'ils furent tous arrivés au milieu de la ville, aux portes du palais royal, Elisée s'écria: «Maintenant, ô mon Dieu, ouvre-leur les yeux et qu'ils voient!», et ils virent qu'ils étaient dans la capitale de leur ennemi, Israël.**

## Les chars et les chevaux de feu: les armées célestes

L'illusion ou le mirage de l'armée innombrable protégeant le prophète et son serviteur n'a peut-être pas eu lieu, du moins sous cette forme inutile (puisque cette armée ne joue aucun rôle dans le récit). Mais l'intention du rédacteur est claire: il veut montrer que «toutes les armées célestes» — c'est-à-dire la toute-puissance de Dieu, les anges — n'abandonnent jamais les croyants même si on ne peut les voir et qu'on ne ressent ni ne perçoit aucunement leurs interventions.

Cette armée semble «de feu»: voir pp. 760-761. Pour les chrétiens, Dieu agit en effet, sans arrêt, mais en faveur de tous les hommes; il n'utilise jamais un style «guerrier» (contraignant) mais respecte toujours la liberté qu'il a donnée à l'homme.

## L'aveuglement

A l'article AVEUGLEMENT, le *Grand Larousse encyclopédique* définit: «Privation de la vue (vieilli); *au figuré*, trouble, obscurcissement de l'esprit, de la raison...» Dieu a-t-il rendu les soldats araméens aveugles au sens propre ou au figuré? Répétons-le: il est tout à fait capable de priver de vision, instantanément, l'armée la plus nombreuse. Mais ce n'est pas dans sa manière d'agir... et cela rendrait la suite de l'histoire invraisemblable. Imagine-t-on une armée subitement aveugle acceptant de suivre un inconnu en territoire ennemi? Conscients du miracle, tous ces soldats auraient au contraire imploré la clémence de celui qui les avait vaincus: ils auraient cherché Elisée non pour le faire prisonnier mais pour lui demander de les guérir. Ce n'est pas ce que la Bible raconte.

Alors, qu'a-t-il pu se passer? Ils sont devenus mentalement aveugles: ils n'ont pas reconnu qu'ils étaient déjà à Dothan, et que l'homme qui leur parlait était celui-là même qu'ils recherchaient. Au contraire, habilement, Elisée leur fait croire qu'ils ne sont encore qu'à une quinzaine de kilomètres de Dothan, mais qu'il est disposé à les y conduire, et même à les mener jusqu'à la maison de l'homme de Dieu qu'ils doivent capturer. Miracle? Pure habileté de la part d'Elisée? Nul ne saurait le dire.

Mais on peut très bien imaginer que, pour rendre plus visible cet aveuglement de l'intelligence, Dieu a *aussi* rendu ces soldats, au moins partiellement, aveugles des yeux: alors le miracle devient évident.

Cependant, il y a plus, et plus beau, dans ce pittoresque récit. L'aveuglement des sens ou de l'intelligence est aussi le signe de l'aveuglement de l'esprit: ces pauvres soldats sont — moralement aussi — *perdus*. Elisée leur ouvrira aussi les yeux *de l'âme*; après l'extraordinaire générosité que le prophète leur aura manifestée, il est probable que beaucoup seront séduits par son Dieu. Comme Naaman.

**Le roi d'Israël vint vers eux et dit à Elisée: «Mon père! Dois-je les tuer?» Elisée répondit: «Fais-tu tuer tes prisonniers? Donne-leur à boire et à manger, puis qu'ils retournent chez eux: qu'ils aillent en paix.»**
(2 Rois 6. 18-23)

## Mon père!

On a vu, p. 765, Elisée appeler lui-même Elie: «Mon père!»: cela signifie qu'il reconnaît tout lui devoir (pour lui, en particulier la vie spirituelle).

L'expression, apparemment courante en Israël, veut dire la même chose ici. Le roi — sans doute Joram — reconnaît qu'il doit entièrement cette surprenante victoire sur son ennemi à l'action du seul prophète. Sous sa forme imagée, c'est une expression de très profond respect.

Mais, chez le roi, ce respect affiché est-il sincère? Peut-être pas, puisqu'il continue de tolérer dans son pays le culte de Baal (voir pp. 804-807).

## L'humanité d'Elisée

N'y a-t-il pas, cependant, une contradiction entre l'attitude d'Elisée vis-à-vis de Naaman (il lui permet de continuer son culte idolâtre, au mieux par raison d'Etat, au pis pour protéger sa carrière) et vis-à-vis du roi d'Israël, à qui il n'est même pas permis de tolérer le culte de Baal dans son pays?

Oui, il y a contradiction. Elle est atténuée par le fait que le roi d'Israël a, lui, une obligation religieuse que n'a pas le général araméen: il est l'héritier de David, il doit diriger le peuple que Dieu s'est choisi. Cependant, Elisée semble juger selon le système des «deux poids et deux mesures»: il y a des actes qui sont pardonnables à un étranger, non à un roi d'Israël. (Toutefois, la «vengeance» d'Elisée contre le roi d'Israël — voir pp. 792-798 — est moins dirigée contre Joram personnellement que contre la dynastie d'Omri, maudite par Elie; une fois de plus, l'Ancien Testament croit punir un homme en détruisant sa descendance: cela apparaît clairement dans l'attitude de Jéhu.)

Elisée reste un prophète de l'Ancien Testament. Et pourtant, quel progrès par rapport au temps de Josué ou de Samuel! Il n'est plus question de guerre d'extermination des ennemis du peuple élu, mais au contraire de leur conversion au vrai Dieu.

Bien plus, le système des «deux poids et deux mesures» joue maintenant à fond *en défaveur* d'Israël: le choix de Dieu ne lui donne plus aucun droit — ce qu'il faisait au temps de la conquête de la Terre promise et sous les premiers juges — mais seulement des devoirs, et des devoirs universels. Avec Elisée, on perçoit nettement que l'existence du peuple élu est celle d'une responsabilité, d'une mission envers la Terre entière.

Enfin, il y a quelque chose de sympathique, de bien humain chez Elisée, qu'on ne voyait pas chez Elie. Celui qui avait dit: «Permets-moi d'abord d'aller embrasser mon père et ma mère» est aussi celui qui a des amis, qui est bouleversé en apprenant la mort de leur fils, qui se précipite à son chevet, qui dit à Naaman «va en paix» et qui pense à nourrir les soldats venus pour le capturer. Avec Elisée, l'Histoire Sainte progresse d'un pas sensible vers l'esprit de l'Evangile.

C'est pendant le règne de Joram, fils d'Achab, roi d'Israël à Samarie, que mourut Josaphat, le roi de Juda. Son fils Jéhoram lui succéda sur le trône de Jérusalem. Jéhoram suivit le mauvais chemin d'Israël : il fit ce qui est mal aux yeux de Dieu. Car il avait épousé Athalie, une fille d'Achab.

Edom se révolta contre Juda et se donna un roi. Jéhoram mourut. Son fils Achazias lui succéda. Lui aussi fit ce qui est mal

**aux yeux de Dieu. Son oncle Joram, roi d'Israël, l'invita à venir combattre avec lui le roi d'Aram à Ramoth-de-Galaad. Pendant la bataille, Joram fut blessé ; on le ramena dans son palais de Jezréel. Achazias vint auprès de lui.**
(2 Rois 8. 16-29)

### Jéhoram et Achazias de Juda

Jéhoram est le fils du roi Josaphat de Juda (voir pp. 752-753), qui meurt en 849 av. JC ; lui-même règne sur Juda de 849 à sa mort, en 843. S'il faut en croire le Livre des Rois, autant le règne du père avait été bon, autant celui du fils fut détestable. Ayant épousé une fille d'Achab, Athalie, Jéhoram se conduit en despote tyrien ; il exécute tous ses frères et répand en Juda le culte de Baal (selon toute probabilité, Athalie est la fille de la sinistre Jézabel... voir pp. 800-803 et 810-811). Le Royaume du Sud est tellement affaibli par son règne catastrophique que même les Philistins, pourtant complètement matés par David, relèvent la tête et ravagent le pays.

Son fils Achazias ne régnera même pas une année (voir pp. 798-801).

### Ramoth-de-Galaad

*Ramoth-de-Galaad* ou « Les Hauts de Galaad » est une citadelle du pays de Galaad, donc à l'est du Jourdain. Cette citadelle a toujours été une pomme de discorde entre l'Aram et Israël : sans doute verrouillait-elle la route de Damas à Samarie.

C'était déjà l'endroit — et l'enjeu — de la bataille où périt Achab, le propre père de Joram (voir p. 756).

**Le palais de Jezréel** :
voir pp. 742-743

**Joram d'Israël et son neveu Achazias de Juda se reposaient à Jezréel tandis que leurs armées continuaient à se battre contre les Araméens.**

**Elisée appela un des jeunes gens qui l'accompagnaient, un des *fils du prophète*, et lui dit: «L'heure est venue. Ce qu'Elie a prédit à la maison d'Achab va maintenant s'accomplir. Prends cette fiole d'huile. Pars à Ramoth-de-Galaad et là, prestement, fais ce que je vais te dire.»**
(2 Rois 9. 14, 8 et 1)

### Les *fils de prophètes*

L'expression déjà rencontrée à deux reprises, *mon père*! (voir pp. 765 et 787), pour manifester le respect, explique la curieuse désignation de *fils de prophètes*. Elisée était le *fils du prophète* Elie. Et il avait lui-même des disciples.

En fait, c'est dès l'époque de Samuel (XIe siècle av. JC) qu'apparaissent des communautés de jeunes gens inspirés par Dieu, qui souvent se regroupent sous l'autorité d'un «père» spirituel. Ces communautés dont l'origine et la raison d'être sont la ferveur religieuse et un sentiment de vocation, de mission auprès du peuple entier, annoncent les premières véritables communautés (de *moines*, serait-on tenté de dire) qui apparaîtront peu avant l'époque du Christ, les Esséniens par exemple, mais également les communautés plus souples et plus ouvertes que constitueront les disciples de Jean-Baptiste et de Jésus lui-même.

Ces gens se considèrent comme les porte-parole privilégiés de Dieu: ce qui est la définition même du prophète. Au temps d'Elie et d'Elisée, il semble qu'ils vivaient principalement des dons des gens pieux; sans doute passaient-ils déjà beaucoup de temps à prier, à méditer, à enseigner; apparemment, certains chantaient, peut-être un peu comme, vingt siècles plus tard, François d'Assise. Mais il semble aussi qu'ils étaient également «charismatiques», comme on dit aujourd'hui, c'est-à-dire qu'ils connaissaient parfois la transe, l'extase, qu'ils avaient le don des langues, de «prophétie» (prédiction) ou de guérisseur. On leur attribuait — peut-être un peu trop facilement — beaucoup de miracles. Voir aussi, pp. 530-531, les *«charismatiques» de Guibéa*.

### «L'Aram» au IXe siècle av. JC

Les Araméens ont déjà été présentés pp. 410-411. Que sont-ils devenus au temps d'Elisée? Leurs tribus caravanières se sont condensées en petits Etats éparpillés de la Basse-Mésopotamie (la «Chaldée») à Carchémis (sur le haut Euphrate, à la frontière de la Turquie et de la Syrie; le nom d'Arménie vient peut-être d'*Araménie*, «Terre d'Aram») et de Palmyre à Damas. Ces Etats ne forment guère une nation, et aucun grand chef ne les unifie en vue d'un but commun. Politiquement, ils ne représentent pas grand-chose.

Seulement, maîtres du commerce par leurs caravanes, ils imposent petit à petit leur langue: l'araméen deviendra, après le babylonien, la seconde langue «universelle» de l'Orient classique. D'abord langue du commerce, l'araméen sera bientôt élevé au statut de langue diplomatique internationale, mais surtout il finira par remplacer, même pour la vie quotidienne, les anciennes langues sémitiques de la Palestine — dont il était de toute manière linguistiquement très proche. (L'arménien, par contre, est une langue indo-européenne; et n'a donc rien à voir avec l'araméen.)

**La prédiction d'Elie à Achab**: voir pp. 752-753

# Le temps des vengeurs

## Jéhu - Athalie
## Les derniers miracles d'Elisée

A Samarie, la prédiction d'Elie s'accomplit :
la dynastie d'Achab est détruite ;
Jéhu, qui renverse Joram, second fils et successeur d'Achab,
fait également massacrer Jézabel, tous les descendants mâles du roi,
et tous les fidèles de Baal.
A Jérusalem, apprenant la mort de son fils le roi Achazias
— lui aussi tué par Jéhu — la reine mère Athalie fait également exécuter
tous les descendants mâles de son mari ;
mais Dieu protège la maison de David : bientôt, c'est Athalie elle-même
qui sera mise à mort par les prêtres de Dieu,
tandis qu'un de ses petits-fils,
miraculeusement sauvé de sa fureur criminelle,
montera sur le trône à l'âge de sept ans !
Alors que l'avenir des deux royaumes issus de David
apparaît de plus en plus sombre,
quelques signes mystérieux rappellent aux croyants
que Dieu continue d'accomplir sa parole et,
selon sa promesse, de sauver toujours les fils d'Israël.

Le jeune homme, le fils de prophète envoyé par Elisée, arriva au camp hébreu de Ramoth-de-Galaad au moment où les officiers se reposaient entre deux batailles contre l'Aram. Le chef de ces officiers s'appelait Jéhu. Le jeune prophète lui dit: «Elisée m'envoie te dire quelque chose: suis-moi à l'écart quelques instants.»

Lorsqu'ils furent seuls, le jeune homme prit sa fiole d'huile, et la lui versa sur la tête en disant: «Parole du Seigneur, Dieu d'Israël: *Jéhu, je te sacre roi d'Israël. Fais ce que tu as à faire.»*

Jéhu revint vers ses hommes et leur dit: «Ce fils de prophète, au nom de Dieu, m'a sacré roi d'Israël.» Ils se levèrent, posèrent leurs manteaux à ses pieds, sonnèrent du cor et s'écrièrent: «Vive le roi Jéhu!»

Jéhu fit lever le siège de Ramoth-de-Galaad. Il se mit à la tête de ses troupes, sur son char, et il marcha sur Jezréel, où il savait que se trouvaient Joram d'Israël et Achazias de Juda.

Du haut de la tour du palais de Jezréel, le guetteur vit l'armée approcher; il ne savait si elle revenait en amie ou en ennemie, et il prévint son roi. Joram dit: «Qu'on prépare mon char!»
(2 Rois 9. 2-21)

**«Fais ce que tu as à faire»**

Le jeune homme envoyé par Elisée auprès de Jéhu lui transmet seulement l'ordre d'accomplir la prédiction d'Elie: voir pp. 752-753, et voir aussi pp. 798-799 et 802-803.

**Les manteaux aux pieds de Jéhu**

Déposer son vêtement aux pieds d'un homme, pour qu'il puisse, s'il le désire, le «fouler au pied», c'est manifester que l'on considère cet homme comme son maître absolu — son roi.

Le peuple de Jérusalem refera ce geste pour acclamer le Messie «au nom du Seigneur» lors de la *joyeuse entrée* de Jésus dans la ville le dimanche des Rameaux: «[Ses disciples] amenèrent l'ânon à Jésus et le couvrirent de leurs manteaux, et Jésus s'assit dessus. Et beaucoup de gens étalèrent leurs manteaux sur les chemins devant lui, tandis que d'autres le jonchaient de rameaux...» *(Marc 11. 7-8).*

**Ramoth-de-Galaad**: voir pp. 790-791.

**Les fils de prophètes**: voir p. 792.

**Jezréel**: voir pp. 742-743.

Joram, roi d'Israël, et Achazias, roi de Juda, sortirent chacun sur son char à la rencontre de l'armée. Ils s'arrêtèrent lorsqu'ils reconnurent Jéhu.

Joram s'écria : « Jéhu ! Est-ce la paix ? » Jéhu lui répondit : « La paix ! ? Alors que tu continues les débauches de ta mère Jézabel ? ! » Joram dit à Achazias : « Trahison ! Trahison ! », et, tournant bride, il s'enfuit sur son char. Jéhu tira une flèche de son carquois, la posa sur son arc, la banda de toutes ses forces et tira : la flèche atteignit Joram dans le dos, lui perça le cœur et ressortit par l'avant. Il tomba, mort.

C'était à l'endroit où jadis avait poussé la vigne de Naboth.
(2 Rois 9. 21-24)

**La vigne de Naboth** :
voir pp. 748-763.

**« La vengeance de Dieu »** :
voir p. suivante.

**Jéhu s'approcha du corps de Joram et dit: «Ainsi s'est accomplie la prédiction d'Elie: le sang d'Achab et de ses héritiers s'est répandu dans la vigne de Naboth. La vengeance de Dieu est en marche.»**

### «La vengeance de Dieu»

Dieu ne se venge pas, ni ne venge ses amis — l'amour n'est *jamais* vengeur. Comment, dès lors, comprendre le texte ci-dessus, et l'ensemble de la «mission» de Jéhu?

Ce problème délicat a déjà été présenté à plusieurs reprises; on trouvera pp. 372-373 et surtout p. 385 les éléments principaux de la réponse chrétienne: la révélation est progressive. Ce n'est évidemment pas Dieu qui change, mais la perception que l'homme a de lui; celle-ci devient progressivement moins imparfaite. Répétons-le avant de poursuivre: lorsqu'on oppose «le Dieu de l'Ancien Testament» au «Dieu de l'Evangile», cela ne signifie pas que le visage de Dieu change, ni que Dieu change de masque — ou enlève progressivement son masque terrifiant, «vengeur».

Cela signifie que l'homme, l'auteur inspiré, le prophète, voit ou comprend mieux le vrai visage ou la vraie volonté de Dieu. Le problème, il faut toujours y revenir, n'est pas d'expliquer «l'évolution» de Dieu (Dieu est immuable), mais d'expliquer pourquoi Dieu accepte d'être révélé progressivement... donc, au début, de manière encore très imparfaite, grossière, et même scandaleuse (vue 2500 ans après, naturellement!). De nouveau, le principe de la réponse est clair — Dieu respecte la liberté, la personnalité de celui qui parle en son nom — mais, d'un point de vue humain, cela reste profondément difficile à admettre: il nous déplaît que Dieu n'intervienne pas plus directement, quitte à forcer quelque peu la main (ou l'esprit) de son prophète. C'est le mystère de l'humilité de Dieu... qui est le mystère de l'Incarnation. L'auteur de ces lignes, par exemple, est bien conscient que, dans une mesure qu'il ignore évidemment, il déforme lui aussi le vrai visage de Dieu; mais il a confiance que, malgré tout, Dieu parle aux hommes à travers ses approximations.

Dès lors, qu'a-t-il pu se passer pour Jéhu? De même que Dieu — selon l'écrivain biblique — a retiré à Saül la mission qu'il lui avait confiée (voir pp. 550-551 et 576), il retire à la maison d'Omri le trône offert à Jéroboam; pour le même motif: la mission ne peut plus être accomplie. Dieu dit à Elisée: le moment est venu. Elisée confie à Jéhu la mission qu'avait prédite Elie: renverser la dynastie d'Achab et restaurer le culte de Yahvé en Israël. Dans l'esprit de Dieu, c'est la fin d'une mission — et ne signifie nullement qu'il abandonne Joram, ni même Jézabel — mais il ne veut plus qu'ils règnent à Samarie. Pourquoi eux, à ce moment, et pourquoi Jéhu? Autre mystère.

Mais, dans l'esprit de l'homme, d'Elisée comme de l'auteur du Livre des Rois, cette pure fin de mission *apparaît* comme une «vengeance» de Dieu. Et pour ce monument de brutalité qu'est Jéhu (mais en cela il n'est pas pire que tous les autres révolutionnaires, usurpateurs et fondateurs d'Empires de son temps...), cette vengeance ne saurait être que sanguinaire. Voir pp. suivantes.

### Gour, Jibléam et Méguido

On ne peut situer avec précision la cité de Gour; Jibléam, en revanche, est bien connue. On la trouve mentionnée dans les Livres de Josué et des Juges; sous le nom de Biléam, c'est une ville lévitique (voir pp. 810-811), mais elle appartient à Manassé... puisqu'elle se trouve sur le territoire d'Aser! On l'identifie souvent à l'actuel Tell Bélamach, à 15 km au nord de Samarie, à 12 km au sud de Jezréel.

Méguido se trouve également à une quinzaine de km à peine de Jezréel, mais à l'ouest. On suppose qu'Achazias a voulu fuir vers Samarie, éventuellement pour rejoindre ensuite Jérusalem, et qu'une fois touché à mort, ses officiers se sont rendus à Jéhu, qui leur aura ordonné d'emmener leur ancien maître mourir à Méguido. Selon *2 Chroniques 22. 9*, Achazias aurait réussi à rejoindre Samarie, où il se serait caché; vainement; Jéhu l'aurait retrouvé et fait exécuter (le texte ne dit pas où).

Pendant ce temps, Achazias fuyait sur son char. Jéhu lança un ordre: «Abattez-le, lui aussi!» Ses hommes se lancèrent à la poursuite du roi de Juda. Tandis qu'il grimpait la côte de Gour, sur la route de Jibléam, une flèche l'atteignit. Mais il ne tomba pas. Il parvint à regagner Méguido. C'est là qu'il mourut.

On ramena son corps à Jérusalem où on l'ensevelit, auprès de ses pères, dans la Cité de David. (2 Rois 9. 7 et 25-28)

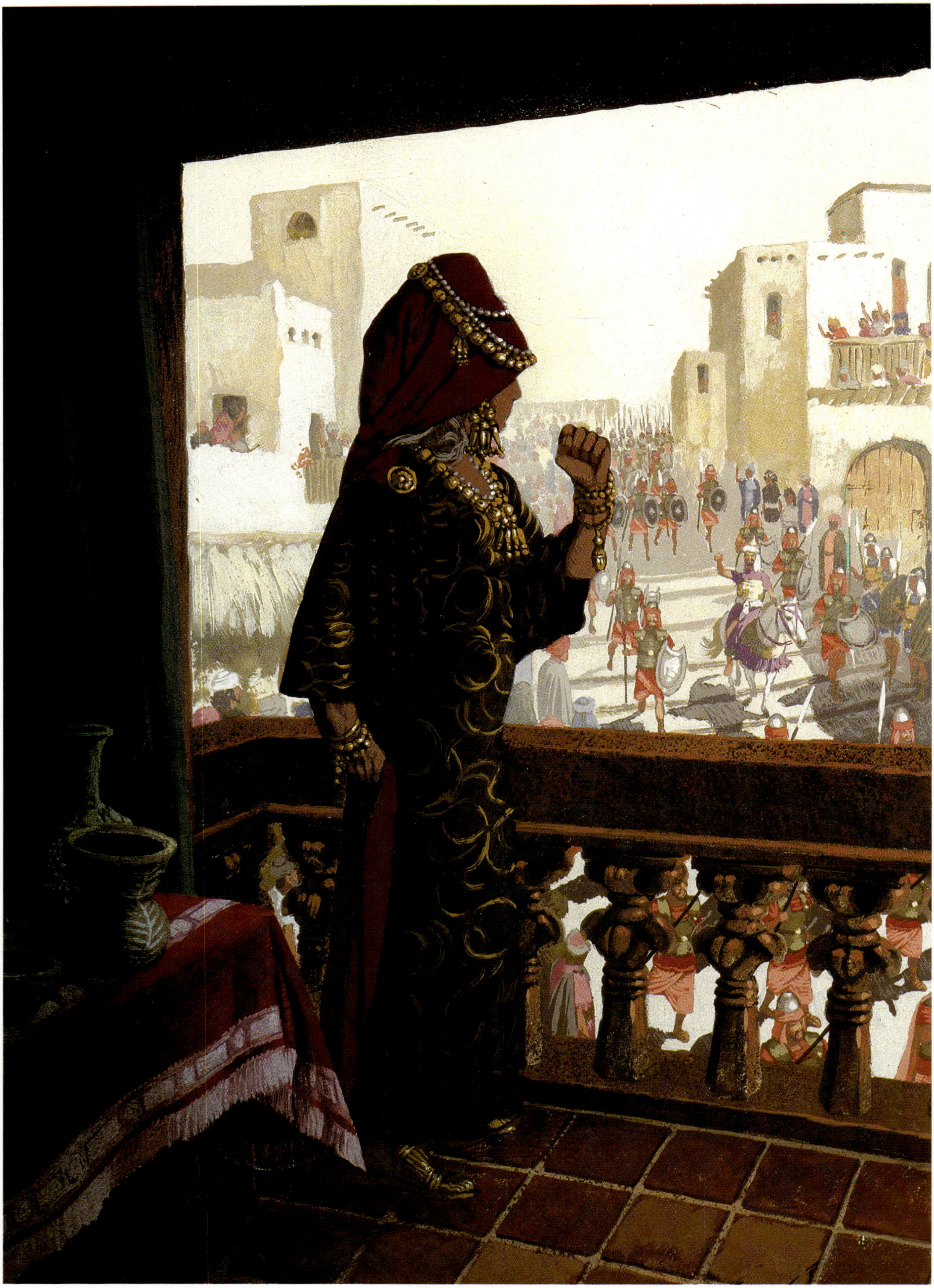

**Jézabel apprit que Jéhu venait de tuer son fils, le roi Joram, et s'apprêtait à entrer dans Jezréel comme roi d'Israël. Elle se mit du fard aux paupières, s'orna le visage et apparut au balcon; Jéhu entrait dans la ville. Elle lui cria: «Est-ce la paix, Zimri!?»**

**Jéhu s'exclama: «Là-haut, qui est avec moi?» Deux ou trois eunuques, inquiets, s'avancèrent sur le balcon et se penchèrent vers l'homme qui les appelait de la rue. Jéhu leur cria: «Jetez-la en bas!» Ils se saisirent de Jézabel et la jetèrent par la fenêtre; son corps s'écrasa au sol et son sang gicla sur le mur et sur les chevaux.**

(2 Rois 9. 30-33)

### La toilette de Jézabel...

On l'a déjà vu à plusieurs reprises, les peuples orientaux anciens utilisent volontiers fard, henné, rimmel, onguents, pommades, fonds de teint et crèmes de beauté de toutes couleurs et de tous parfums.

Jézabel, princesse phénicienne, adore sans doute le luxe, et a d'imposantes réserves de produits de beauté.

Or, elle sait qu'elle va mourir. Elle vient d'apprendre la mort de son fils; elle connaît Jéhu. Elle l'accueille avec hauteur; elle le provoque et l'insulte: Zimri est cet usurpateur qui a renversé son roi, Ela, mais qui n'a ensuite régné qu'une semaine, avant de périr lui-même brûlé au milieu de sa ville en révolte contre lui. Elle n'a plus rien à perdre; elle veut finir «en beauté»; elle sera *grande dame*, arrogante jusqu'au bout. (Elle peut évoquer Jiang Qing, la veuve du président Mao Tsé-toung.)

### ... sa mort atroce et le mystère de sa vie éternelle

Le nom de Jézabel est devenu synonyme de «reine impie et cruelle, destinée à une fin atroce». Pourtant, elle aussi, Dieu l'aime. Et nul être humain ne peut dire qu'il entrera devant elle dans le Royaume des Cieux. Certes, sa conduite est abominable. Mais nous ne connaissons pas «le secret de son cœur» — c'est-à-dire, pour parler en termes psychanalytiques, les déterminismes qu'elle a reçus de son hérédité, de son éducation, de son milieu, ni, moins encore, comment sa liberté a tenté de réagir contre eux. Et il en va de même d'Achab, de Jéhu et de tous les misérables acteurs, de premier ou de dernier plan, de l'histoire sainte... et de toute l'histoire des hommes — procès de la «Bande des Quatre» (ou de Nuremberg) y compris.

«Ne jugez pas», recommande Jésus *(Luc 6. 37)*; la *parabole des talents* explique une des raisons pour lesquelles nous ne saurions pas le faire. *Ce n'est pas* des déterminismes (les talents) que Dieu tient compte au «jugement dernier», mais de ce que chacun *en* aura fait *(Matthieu 25. 14-30)*. Or Dieu seul connaît tous nos «talents», et, dès lors, il peut seul vraiment apprécier ce qui *en* a été fait.

**Jézabel**: voir pp. 732 et 750-753.

**Zimri**: voir pp. 728-729.

**Les «eunuques» de l'Antiquité**: voir pp. 158-160.

### La mort, conséquence du péché

On peut observer ici, «en action» en quelque sorte, l'évolution de la pensée morale juive.

**1** La souffrance et la mort ne sont pas un hasard, vide de sens, mais la conséquence du péché (voir p. 41 et *passim*).

**2** Les parents sont châtiés jusque dans leurs enfants; les descendants pâtissent des péchés de leurs ancêtres. C'est l'idée fondamentale du Livre des Rois. Samarie a péché «mortellement»: elle mourra. Jérusalem a péché «véniellement»: elle expiera mais sera finalement pardonnée et sauvée par Dieu.

**3** Les descendants ne pâtissent pas des péchés de leurs ancêtres (quoique naturellement ils en subissent les éventuelles conséquences humaines, matérielles ou psychologiques). C'est l'idée fondamentale des grands prophètes: chacun est responsable de ses propres actes et devra en rendre compte personnellement. Cette idée, correcte cette fois, sera conduite jusqu'à son aboutissement logique par le *chroniste,* l'auteur des Chroniques — voir par exemple p. 918 — mais au détriment de la vérité historique (et d'ailleurs de toute observation: «Il pleut sur les bons comme sur les méchants»). Voir aussi p. 816.

**4** Enfin s'impose — lentement et très tardivement, seulement entre le temps de Daniel (voir p. 998) et celui du Christ — la seule solution au problème de la souffrance et de la mort à la fois compatible avec la réalité, les données de l'expérience humaine, et la conception juive de la parfaite Justice divine: *il y a donc un autre monde*; c'est nécessairement après la mort que Dieu «récompensera les bons et punira les méchants». La souffrance et la mort qui sont la conséquence du péché, ce ne sont donc pas ceux du corps en cette vie, mais la «seconde mort», celle de l'âme, dans la vie éternelle. *Car, même dans la mort (physique), Dieu ne saurait abandonner le juste.* (Cette intuition est très ancienne en Israël. On l'a vue se développer en tâtonnant de Moïse à Job et de David aux psaumes; mais cet ordre n'est pas nécessairement chronologique.)

**5** Pour les chrétiens, la damnation, l'enfer, n'est pas le fait de Dieu mais du pécheur lui-même: «Qui entend ma parole et ne la suit pas, ce n'est pas moi qui le juge. Parce que je ne suis pas venu pour juger le monde mais pour le sauver» *(Jean 12. 47)*.

Les chevaux, effrayés, s'emballèrent et piétinèrent le corps de Jézabel. Alors Jéhu entra dans le palais, où il se fit servir à boire et à manger comme roi d'Israël.

Puis il dit: «Maintenant, qu'on aille enterrer ce cadavre.» Des serviteurs sortirent dans la rue mais ils ne trouvèrent pas le corps de la reine. Sauf sa tête, ses mains et ses pieds, les chiens l'avaient mangé; ils l'avaient déchiqueté, et ils en rongeaient les os dans les champs.

A l'endroit où jadis avait poussé la vigne de Naboth.

Jéhu écrivit aux anciens de Samarie: «Si vous êtes avec moi, envoyez-moi les têtes de tous les fils d'Achab.» Joram avait soixante-dix frères, fils et neveux, qui étaient élevés à Samarie, à la cour et auprès des anciens d'Israël.

Les anciens tremblèrent devant Jéhu. Ils firent égorger les soixante-dix descendants mâles d'Achab, leur coupèrent la tête et les entassèrent dans de grands paniers, qu'ils envoyèrent à Jezréel. On vint dire à Jéhu: «Les têtes sont là.» Jéhu dit: «Faites-en deux tas à l'entrée de la ville, que tout le monde les voie.»

Le lendemain matin, Jéhu rassembla tout le peuple devant les deux tas de crânes et dit: «C'est moi qui suis le roi. Mais qui a exécuté tous ceux-ci? Est-ce moi? C'est le Seigneur, Dieu d'Israël, comme il l'avait annoncé par la bouche d'Elie. Dieu accomplit sa parole.»

Et Jéhu fit encore exterminer tous ceux, dans Jezréel et dans Samarie, qui avaient été les confidents, les amis et les familiers d'Achab et de ses descendants: aucun ne survécut.

(2 Rois 9. 33-37 et 10. 1-17)

**«Qui a exécuté tous ceux-ci?»**

*Ce n'est pas le Seigneur*: Dieu n'exécute jamais personne; l'amour ne cesse jamais d'aimer. Jéhu n'a reçu de Dieu que la mission de renverser la dynastie d'Omri, aussi indigne de gouverner Israël que les précédentes. Mais peut-être cette mission, transmise par Elisée — et encore, par un de ses envoyés, *fils de prophète*! —, ne lui a-t-elle pas été expliquée clairement. Nous ne saurons sans doute jamais si c'est Elisée qui a ordonné de tuer Joram, Achazias et Jézabel. C'est possible. Mais c'est improbable. On a vu sa conduite vis-à-vis de Naaman, général en chef de l'ennemi (voir pp. 778-781). Ailleurs, le Livre des Rois raconte sa mission auprès d'Hazaël: il lui annonce qu'il sera roi alors qu'il lui prédit en même temps qu'il sera un roi cruel, catastrophique pour Israël *(2 Rois 8. 7-15)*. L'attitude d'Elisée vis-à-vis de Jéhu est sans doute la même que vis-à-vis d'Hazaël: il lui transmet l'ordre de Dieu tout en sachant, ou du moins tout en prévoyant, que Jéhu lui aussi se montrera indigne de sa mission.

En tout cas, ce n'est pas Elisée qui a ordonné l'assassinat des descendants mâles d'Achab: cela serait en contradiction totale avec ce qu'on sait de lui par ailleurs: voir en particulier la manière dont il traite ses prisonniers araméens aveuglés (pp. 782-789).

La prédiction d'Elie s'accomplit, mais une prédiction n'est pas un ordre, ni une justification, d'un crime: c'est simplement l'annonce que cela se fera. Jéhu reste parfaitement libre d'être un meurtrier ou non. *C'est lui qui a exécuté* les fils d'Achab, et qui va exécuter les fidèles de Baal. (Mais, en ce qui concerne ces derniers, on peut supposer qu'Elie, au contraire d'Elisée sans doute, aurait applaudi à leur massacre: voir pp. 742-743, où on le voit donner l'ordre d'égorger tous les prêtres de Baal présents au Carmel.)

**«Dieu accomplit sa parole»**

Il est vrai que Dieu fait toujours ce qu'*il* dit... mais il n'accomplit pas nécessairement tout ce qu'*on lui fait dire*, et qu'il n'approuve pas. Or, en fait, Dieu condamne toujours le meurtre — et *a fortiori* le massacre d'innocents, comme ici les descendants mâles d'Achab. Dieu n'est donc nullement engagé par les paroles de Jéhu, prétendant faussement (mais peut-être de bonne foi: cela, nous ne pouvons le savoir) parler en son nom.

Pour prendre un exemple de cette évidence qui nous est contemporain, il suffit de songer aux soldats allemands portant sur leur uniforme *Gott mit uns*, «Dieu avec nous»: Dieu ne leur donna pas la victoire simplement parce qu'ils le proclamaient dans leur camp. Dieu n'est dans le camp de personne; il est pour la paix — «Heureux les pacifiques: ils seront appelés fils de Dieu» *(Matthieu 5. 9)*.

Il ne suffit pas que quelqu'un affirme — même sincèrement — agir ou parler en mon nom, sans mon approbation, pour qu'automatiquement je sois tenu de couvrir tout ce qu'il fait ou tout ce qu'il dit. Au fond, c'est évident; mais il y a des personnes que leur bon sens paraît abandonner dès qu'elles s'occupent de la Bible. C'est souvent, croyons-nous, parce qu'elles ont de la religion, et par exemple, du seul nom de *Dieu*, une conception magique, incantatoire, automatique: ces personnes dénoncent généralement chez les chrétiens une conception «religieuse» (c'est-à-dire, dans leur esprit, magique) du monde... *qui n'existe que dans leur propre conception* du christianisme.

Jéhu entra dans Samarie. Il dit : « Achab a servi Baal avec avarice ; moi, je le servirai avec générosité. Qu'on fasse venir ici tous les fidèles de Baal, car je veux lui offrir un très grand sacrifice. »

A travers tout Israël on invita les partisans de Baal à venir au grand sacrifice annoncé par Jéhu ; et tous vinrent à Samarie. A l'entrée du temple de Baal, Jéhu les accueillait et, à l'intérieur, on leur donnait les vêtements pour le culte.

Quatre-vingts gardes en armes veillaient à la porte du temple.

(2 Rois 10. 18-24)

### Les vêtements pour le culte

Ce texte nous apprend qu'il y avait à cette époque, au moins dans le culte de Baal, une tenue liturgique que même les simples fidèles étaient censés porter. Naturellement, on n'a aucune idée de ce que peut avoir été ce *vêtement pour le culte*: on peut tout aussi bien l'imaginer sous la forme d'une robe rouge que d'une tunique blanche, d'un baudrier de lin (étole) ou d'un chapeau pointu (mitre).

Mais cela n'a guère d'importance. Il serait beaucoup plus intéressant de connaître le sens de ce vêtement.

**1** Est-ce une pure *obligation rituelle*, marquant seulement l'obéissance matérielle à une exigence du dieu ?

**2** Ou bien est-ce *symbolique*, et de quoi ? (Dans les églises chrétiennes, on demande aux hommes d'enlever leur chapeau, et aux femmes d'en porter un : c'est une marque de respect, comme enlever ses souliers ou ses sandales dans les mosquées. En va-t-il de même ici ?)

**3** Ou bien, plus profondément encore, et un peu en vertu du principe « L'habit fait le moine », ce vêtement pour le culte manifeste-t-il ce qui doit être *un renouvellement des dispositions intérieures*, une nouvelle attitude de l'esprit ? Par exemple, l'*aube* blanche que portaient jadis les baptisés, et que souvent portent encore aujourd'hui les enfants le jour de leur première communion et de leur communion solennelle, comme les prêtres lorsqu'ils disent la messe, est le signe de la pureté de leur cœur ; mettre ce vêtement c'est proclamer : « Je suis (ou je m'efforce d'être) sans péché, *immaculé*, parfaitement transparent à l'amour de Dieu ». Entre les hypothèses *2* et *3*, il y a une différence : dans la *2*, le signe suffit ; dans la *3*, la sincérité est demandée.

On ne peut présumer avec certitude. Mais tout ce que l'on sait par ailleurs des religions de l'Antiquité, et aussi de la plupart des religions non influencées par le judaïsme, le christianisme ou l'islam, semble indiquer que le culte de Baal pouvait être de nature *1* et *2*, mais pas *3*. Baal devait se contenter d'une marque extérieure de respect ou d'allégeance.

Dans le judaïsme lui-même, la notion de sincérité dans les rapports avec Dieu et le prochain n'est venue que petit à petit... et pas chez tout le monde. Le pharisaïsme déploré par Jésus, c'est un peu du culte du type *1* ou *2* ci-dessus. Aujourd'hui encore, il y a beaucoup de juifs, de chrétiens et de musulmans qui se croient dévots parce qu'ils « font » apparemment tout ce que Dieu leur « commande » ; ils se croient « en règle » vis-à-vis de lui et des hommes. « Fous ! Celui qui a fait le dehors [Dieu] n'a-t-il pas aussi fait le dedans [le cœur, la conscience] ? Offrez plutôt ce qui est au-dedans de vous ; alors vous serez purs. Et malheur à vous, les pharisiens, qui certes payez tous vos impôts, mais qui oubliez l'amour de Dieu et de vos frères ! » *(Luc 12. 40-42)*. Pourtant, dès le VIIIe siècle av. JC, la volonté de Dieu est parfaitement claire : « Parole du Seigneur : *Ce peuple m'honore des lèvres, mais son cœur est loin de moi ! Vous avez beau multiplier les prières, je n'écoute pas : vos mains dégoulinent de sang ; lavez-vous, soyez purs ! » (Isaïe 29. 13 et 1. 15-16).*

### Jéhu insiste sur ces vêtements de culte

On voit en *2 Rois 10. 22-23* Jéhu donner cet ordre : « Préparez les vêtements du culte pour tous les fidèles de Baal... Vérifiez qu'il n'y a parmi eux aucun fidèle de Dieu mais seulement de Baal ».

Jéhu se sert de ces vêtements pour distinguer ceux qu'il faudra exécuter — ils porteront ce vêtement — de ceux qui, comme lui-même, ne seront là que pour rassurer... et frapper les fidèles de Baal. On peut mettre cette précaution au crédit de Jéhu. Certes, il veut assassiner *tous* les serviteurs du faux dieu, mais en revanche il veille personnellement à ce qu'on n'assassine *que* ceux-ci ; il ne veut pas de « bavure », il ne veut pas qu'un seul serviteur de Dieu qui se trouverait dans le temple de Baal par hasard, ou par sympathie pour lui, soit frappé par erreur. Jéhu est une brute, mais peut-être de bonne foi (voir pp. 812-813).

**Baal** : voir p. 408.

## Dates des règnes d'Israël et de Juda

**Saül** vers 1050 - vers 1010
**David** vers 1010 - vers 970
**Salomon** vers 970 - 931

| **JUDA** | **ISRAËL** |
|---|---|
| Roboam 931-913 | Jéroboam 931-910 |
| Abia 913-911 | Nadab 910-909 |
| Asa 911-870 | Baésa 909-885 |
| | Ela 885 |
| | Zimri 885 |
| | Omri 885-874 |
| Josaphat 870-849 | Achab 874-853 |
| | Ochozias 853-851 |
| Jéhoram 849-843 | Joram 851-843 |
| Achazias 843 | Jéhu 843-812 |
| Athalie 842-835 | |
| Joas 835-796 | Joachaz 812-798 |
| Amazias 796-781 | Jéhoas 798-783 |
| Azarias 781-742 | Jéroboam II 783-743 |
| | Zacarias 743 |
| | Challoum 743 |
| Jotham 742-735 | Ménahem 743-738 |
| | Phacéi 738-737 |
| | Phacé 737-732 |
| Achaz 735-716 | Hosé 732-724 |
| Ezéchias 716-687 | |
| Manassé 687-642 | |
| Amon 642-640 | |
| Josias 640-609 | |
| Sellum 609 | |
| Eliacin 609-597 | |
| Jéchonias 597 | |
| Sédécias 597-587 | |

*On a francisé les noms de façon à éviter les homonymies, celles-ci pouvant amener des confusions de personnes ; on a bien sûr conservé l'orthographe française traditionnelle des rois les plus connus.*

**Quand tous les fidèles de Baal furent entrés dans le temple, Jéhu donna l'ordre à ses gardes: « Tuez-les tous. Qui en aura laissé fuir un, le paiera de sa propre vie. »**

**Alors les quatre-vingts gardes surgirent dans le temple et massacrèrent tous les partisans de Baal: aucun ne survécut.**

**Puis ils jetèrent leurs corps hors de la ville et revinrent au temple. Ils arrachèrent toutes les statues — c'était des statues de bois, des Baals et des Astartés — et les firent brûler: elles tombèrent en cendres.**

**Enfin, toujours sur l'ordre de Jéhu, ils démolirent le temple lui-même. Ils le rasèrent jusque dans ses fondations.**

**Et l'endroit devint un cloaque.**

(2 Rois 10. 24-27)

### Un cloaque

Un cloaque, ou des latrines, c'est-à-dire des toilettes publiques. Naguère encore, dans nos pays, certaines municipalités anticléricales s'arrangeaient pour construire des urinoirs et autres lieux d'aisance le plus près possible, voire tout contre, les églises. C'était un geste de mépris, tout pareil à celui décidé par Jéhu — mais Jéhu, lui, avait commencé par détruire l'édifice ennemi!

### « Tu as traité la maison d'Achab comme je le voulais... »

Dieu a-t-il vraiment félicité Jéhu d'avoir exterminé la dynastie d'Achab? Non, c'est impossible (voir pp. 798-799); et d'ailleurs comment le rédacteur du Livre des Rois pourrait-il connaître ces paroles de Dieu à Jéhu? Jéhu lui-même aurait-il raconté à quiconque que sa dynastie à lui ne régnerait que quatre générations?

Répétons-le: si Dieu est vraiment intervenu dans toute cette affaire, c'est uniquement pour renverser la dynastie d'Achab, qui menaçait peut-être mortellement la foi d'Israël; en aucun cas Dieu ne demande, ni ne souhaite, la mort de quiconque.

Le plus probable, ici, c'est que l'auteur a purement et simplement inventé cette apparition de Dieu au roi. Et qu'il lui ait fait dire ce que lui-même pensait... et savait par l'histoire. (Le Livre des Rois a en effet été écrit environ 200 ans après la chute de la dynastie de Jéhu, et son auteur connaissait dès lors parfaitement la destinée de celle-ci.) Cet auteur, lui non plus, n'avait donc pas encore compris la vraie nature de Dieu. Mais il est difficile de lui en faire grief, puisqu'en ce xx<sup>e</sup> siècle *après Jésus-Christ* il y a toujours des croyants qui estiment que Dieu se venge...

Par contre, à peu près un siècle après la sanglante épuration de Jéhu, vers 750 av. JC, le prophète Osée (le prophète de l'amour conjugal — amour divin: voir p. 694) reprochera sa cruauté à l'exterminateur des fils d'Achab: « Dieu dit à Osée: *Bientôt, la maison de Jéhu me rendra compte de tout le sang répandu à Jezréel* » (*Osée 1. 4*).

**Des Baals et des Astartés**: voir p. 408.

### Les *Compagnons de Jéhu*

Pendant une des périodes les plus troublées de la Révolution française, en mai 1795, peu de temps après la chute de Robespierre (27 juillet 1794) qui avait fait régner la Terreur contre les ennemis de la République, apparaît une « contre-terreur » qui pourchasse les révolutionnaires les plus sanglants. La terreur que fait à son tour régner cette contre-révolution s'appelle Terreur blanche, parce que ses agents se réclament de la royauté — et que celle-ci est symbolisée par le drapeau blanc.

En province, des groupes de « terroristes pour le roi et l'Eglise » massacrent des sans-culottes, républicains fervents et athées, souvent avec la complicité des autorités. Les actions les plus violentes se déroulent à Lyon et en Provence (Tarascon, Aix, Nîmes, Toulon, Marseille). Un des groupes les plus connus, constitué lui aussi d'aventuriers royalistes et républicains modérés ou repentis, choisit le nom significatif de *Compagnons de Jéhu* (ou, parfois, *de Jésus*). Jéhu est devenu le prototype du *justicier divin*, du bras armé de la vengeance de Dieu contre les méchants, l'implacable exterminateur de tous les partisans du Mal.

Les *Compagnons de Jéhu* entendaient nettoyer le Royaume de France de toute la « vermine » installée par la Révolution, comme Jéhu pensait avoir reçu de Dieu la mission de débarrasser le Royaume d'Israël de tout le mal introduit par Achab et Jézabel.

Mais Dieu demande la *purification* des cœurs de tous, non l'*épuration* d'un pays par le massacre (voir pp. 802-803).

### La famille d'Athalie

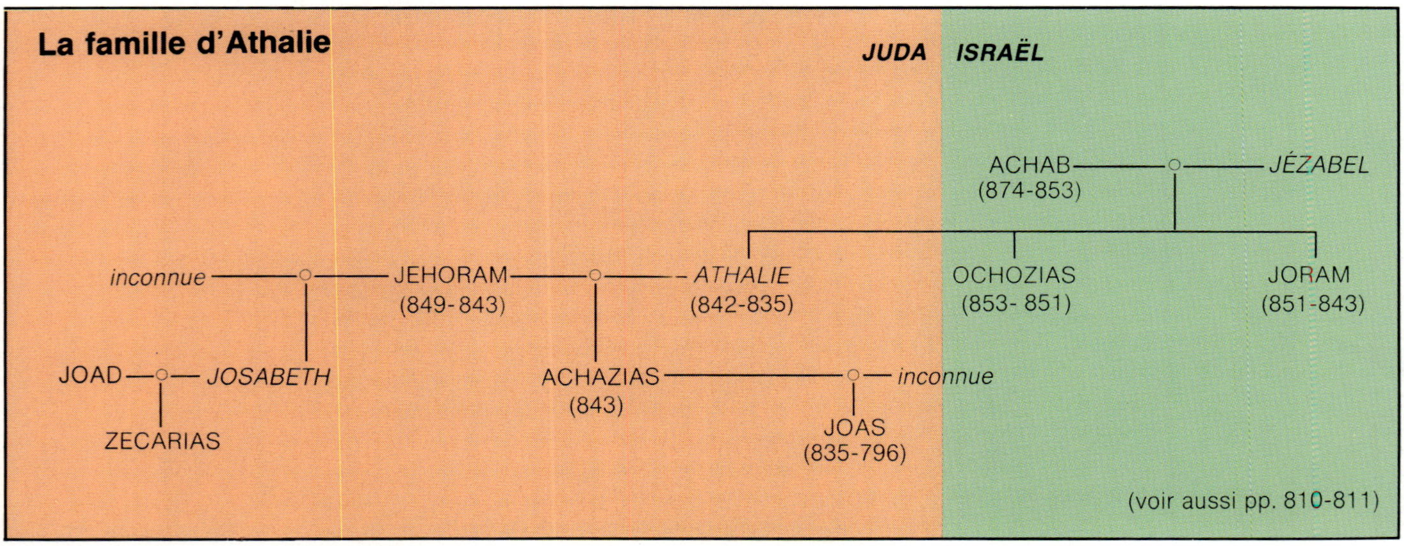


(voir aussi pp. 810-811)

**Jéhu supprima d'Israël le culte de Baal, mais il continua de faire ce qui est mal aux yeux de Dieu. Dieu lui dit : « Parce que tu as traité la maison d'Achab comme je le voulais, tes fils régneront sur le trône d'Israël. Cependant, comme tu n'as pas supprimé les veaux d'or construits par Jéroboam à Dan et Béthel, ils ne régneront que jusqu'à la quatrième génération. »**

**Hazaël, roi d'Aram, prit toute la rive est du Jourdain, les pays de Galaad et de Basan : au temps de Jéhu, Dieu commença d'humilier et d'amoindrir le royaume d'Israël.**

(2 Rois 10. 28-33)

*Lire page 806 :*
**« Tu as traité la maison d'Achab comme je le voulais... »**

**Galaad et Basan** : actuels Transjordanie et Golan.

**Hazaël** : voir pp. 812-813.

**Les « veaux d'or » de Dan et Béthel** : voir pp. 724-725.

**L'obélisque noir de Salmanasar III**

En 1845, un jeune Anglais de 28 ans qui ne sait pas encore qu'il va devenir plusieurs fois ministre, Austen Henry Layard (1819-1894), entreprend de fouiller le site de Nimroud, le long du Tigre, à 30 km au sud-est de l'actuelle Mossoul. Et il trouve un bloc de basalte noir de 2 m de haut, finement ciselé d'une vingtaine de scènes représentant des personnages apportant des trésors. Passionné par sa découverte, Layard l'envoie immédiatement à son ambassade à Constantinople, d'où on la transporte avec grand soin au British Museum à Londres... où on peut l'admirer aujourd'hui. Quelques années plus tard, les assyriologues déchiffrent les splendides textes cunéiformes qui expliquent chacune des scènes : l'*obélisque noir* — ainsi qu'on commence à l'appeler à cause de sa forme d'étroite pyramide tronquée — a été sculpté sur l'ordre de Salmanasar III, roi d'Assyrie de 858 à 824 (voir pp. 718-719).

Et, prodigieuse surprise, au haut du bas-relief montré ci-dessus, comme un décor à la scène qu'il est censé représenter, on lit : « TRIBUT DE YA'U'A DE LA MAISON DE HUMRÎ : JE REÇUS DE LUI DE L'ARGENT, DE L'OR, UN VASE, UNE COUPE, DES TIMBALES D'OR... ». *La maison de Humrî*, cela paraît bien être la dynastie d'Omri, père d'Achab ; qui est *Ya'u'a*? Certains estiment qu'il doit s'agir, à cause de la chronologie, de Joram, le dernier roi de la dynastie d'Omri (Joram — ou *Yéhoram* — règne en effet sur Israël de 851 à 843). D'autres, plus nombreux, croient que *Ya'u'a*, c'est Jéhu : après tout, les

rois d'Assyrie ne savent pas nécessairement que Jéhu est au contraire l'exterminateur de la dynastie d'Omri, puisqu'il monte immédiatement sur son trône, à Samarie. Il est en fait presque certain que l'expression *la maison de Humrî* doive être prise comme équivalente de « dynastie de Samarie » : c'est Omri qui fonda cette ville et en fit sa capitale. (En fait, le texte assyrien dit mot pour mot *bît-Humrî*, c'est-à-dire soit « maison d'Omri », soit « ville d'Omri » : cf. les noms hébreux comme *Beth-El* ou *Beth-Léhem* [Béthel, Bethléem], qui littéralement signifient « maison de Dieu » et « maison du pain [ou du dieu Léhem] » : ils désignent deux villes. Voir aussi pp. 824-825.)

On pense donc généralement que c'est Jéhu, ou un de ses ambassadeurs, que l'on voit ici se prosterner aux pieds de Salmanasar, qui fait une libation à ses dieux : Assur, le Soleil ailé, le dieu suprême des Assyriens, et Ishtar, l'Etoile, la Vénus assyro-babylonienne (voir p. 408).

Pour quelle raison Jéhu paierait-il tribut à Salmanasar III d'Assyrie ? Pour obtenir son alliance contre les Araméens, probablement.

A Jérusalem, la reine Athalie, fille d'Achab et veuve de Jéhoram, apprit la mort de son fils, le roi Achazias. Elle fit assassiner les descendants mâles de son mari et s'empara de tout le pouvoir pour elle-même.

Cependant sa belle-fille Josabeth réussit à sauver un des fils d'Achazias, qui était son demi-frère : elle parvint à enlever secrètement ce nouveau-né, Joas, et à l'élever dans le temple de Dieu. Il y vécut, clandestinement, six ans, tandis qu'Athalie opprimait tout le pays de Juda.

(2 Rois 11. 1-3 et 2 Chroniques 22. 10-12)

**Joad, Josabeth et Joas**

Joad ou *Yéhoyada*, « Dieu sait », gouverne Israël de la mort d'Athalie à la majorité du roi qu'il a rétabli sur son trône, Joas. C'est lui qui restaure le culte de Dieu, et qui conseille au jeune roi de réparer le temple de Jérusalem ; pour ce faire, il semble être l'inventeur du *tronc*, cette caisse pourvue d'une fente pour recevoir des pièces d'argent comme on en trouve encore parfois dans les églises, pour les offrandes. Les offrandes au tronc installé dans le temple par Joas étaient destinées à payer les entrepreneurs et ouvriers y effectuant les travaux de réparation.

Josabeth ou *Yéhochéba*, « Dieu est parfait », est selon *2 Chroniques 22.11*, l'épouse du grand prêtre Joad « puisqu'elle était la sœur d'Achazias » (la demi-sœur, sans doute, sinon elle serait elle aussi un enfant d'Athalie ; or on la présente seulement comme « la fille du roi Jéhoram »). Il est en effet vraisemblable que le grand prêtre épouse une

**Josabeth avait épousé le grand prêtre Joad. Lorsque Joas eut sept ans, Joad convoqua secrètement les lévites et leur distribua les armes qui décoraient le temple de Dieu. Le jour du sabbat, les lévites se rassemblèrent tous au temple; Joad leur présenta Joas et leur révéla qu'il était l'unique survivant de la maison de David — le seul roi légitime de Juda.**

**Les lévites clamèrent: « Vive le roi Joas! »; Joad lui donna l'onction royale; les cris redoublèrent; le peuple de Jérusalem accourut au temple. Alertée par la clameur, Athalie arriva, et comprit tout; elle s'écria: « Trahison! Trahison! » et s'enfuit; les lévites la rattrapèrent et la tuèrent sur le seuil du palais.**

**Et tout le pays acclama l'enfant-roi avec des cris de joie.**

(2 Rois 11. 4-20 et 2 Chroniques 23. 1-21)

princesse royale. (Le nom de *Yéhochéba* est une variante d'*Elichéba*, qui signifie la même chose, et qui est lui francisé en Elisabeth, le nom de l'épouse du prêtre Zacharie, la mère de saint Jean-Baptiste. Or justement le nom du fils de Josabeth et Joad est Zécarias, c'est-à-dire la forme hébraïque de Zacharie!)

Joas ou *Yéhoah*, « Dieu a donné », devient grâce à Joad et Josabeth le huitième roi de Juda (835-796). Il incarne la dynastie de David, et sa survie face au massacre d'Athalie apparaît comme le résultat de l'action de Dieu selon la promesse de Nathan à David (voir p. 624); elle préfigure aussi la survie de Jésus lors du massacre des innocents ordonné par Hérode *(Matthieu 2. 13-16).*

Les noms de Joad, Josabeth et Joas sont bien connus du public de langue française depuis 1716, date de la première et triomphale représentation au Théâtre-Français de l'*Athalie* de Jean Racine (1639-1699). Cette pièce suit fidèlement le Livre des Rois et les Chroniques.

**Les lévites**

On a déjà brièvement présenté l'histoire de la tribu de Lévi, les descendants du troisième fils de Jacob, que Moïse *consacre*, pour tout le peuple, à cause de leur fidélité lors du veau d'or (voir pp. 320-321). Leur rôle de prêtres d'Israël leur interdit d'être regroupés dans une seule portion du territoire: ils sont dispersés à travers tout Israël. Au temps de Jéroboam, toutefois, beaucoup de lévites abandonnent le Royaume du Nord et viennent s'installer à Jérusalem (voir pp. 724-725).

A l'époque d'Athalie, la plupart des lévites vivent sans doute déjà dans Jérusalem ou les villes des alentours, leur service devenant de plus en plus lié au temple construit par Salomon, cœur de la vie religieuse de tous les Hébreux. Il n'est pas difficile d'imaginer que les lévites, qui vivent presque exclusivement des offrandes et des impôts religieux, s'opposent aux cultes étrangers apportés par Athalie, fille de Jézabel, princesse phénicienne.

**La vingt-troisième année du règne de Joas à Jérusalem, Jéhu mourut à Samarie; son fils Joachaz lui succéda. Joachaz fit ce qui est mal aux yeux de Dieu; il laissa même revenir à Samarie le culte de Baal et d'Astarté que son père avait détruit.**

**Hazaël, le roi d'Aram, puis son fils Ben-Hadad, battirent plusieurs fois Israël: ils ne laissèrent comme armée à Joachaz que cinquante cavaliers, dix chars et dix compagnies de fantassins.**

**Aram traita Israël comme de la poussière qu'on piétine.**

(2 Rois 13. 1-7)

## Jéhu (843-812) et Joachaz (812-798) d'Israël

Jéhu, « Yahvé [est] Dieu », usurpe le trône d'Israël par un complot militaire et massacre ses éventuels rivaux. Toutefois, contrairement aux fondateurs des précédentes dynasties d'Israël, Jéhu a été « oint » (consacré) roi par un prophète, Elisée; et on n'a aucune raison de penser que c'est uniquement par ambition personnelle que Jéhu prend le pouvoir et se conduit en meurtrier. Il n'empêche que son long règne (843-812) marque une epoque de déclin pour le Royaume du Nord, et que « l'alliance » qu'il a sans doute offerte, de manière humiliante pour son peuple, à Salmanasar d'Assur, porte en germe la destruction définitive d'Israël, par les Assyriens, en 722 av. JC.

Joachaz ou *Yehoakhaz* veut dire « Dieu [m'] a saisi »; en hébreu, c'est pratiquement le même nom qu'Ochozias ou Achazias, Akhazyah (voir pp. 762-763). L'écrivain biblique le déteste pour avoir à nouveau permis le culte des idoles — rappelons-nous que ce culte impliquait des sacrifices d'enfants et la prostitution « sacrée ». Joachaz semble avoir été plus malheureux encore que son père en politique extérieure. On est tenté de se dire, en voyant l'état dans lequel Aram réduit Israël au temps de Joachaz, que l'alliance de Jéhu avec l'Assyrie était justifiée; mais c'est ne pas tenir compte de la sauvagerie et de la cruauté inouïes d'Assur par rapport à la simple soif de conquêtes de Damas.

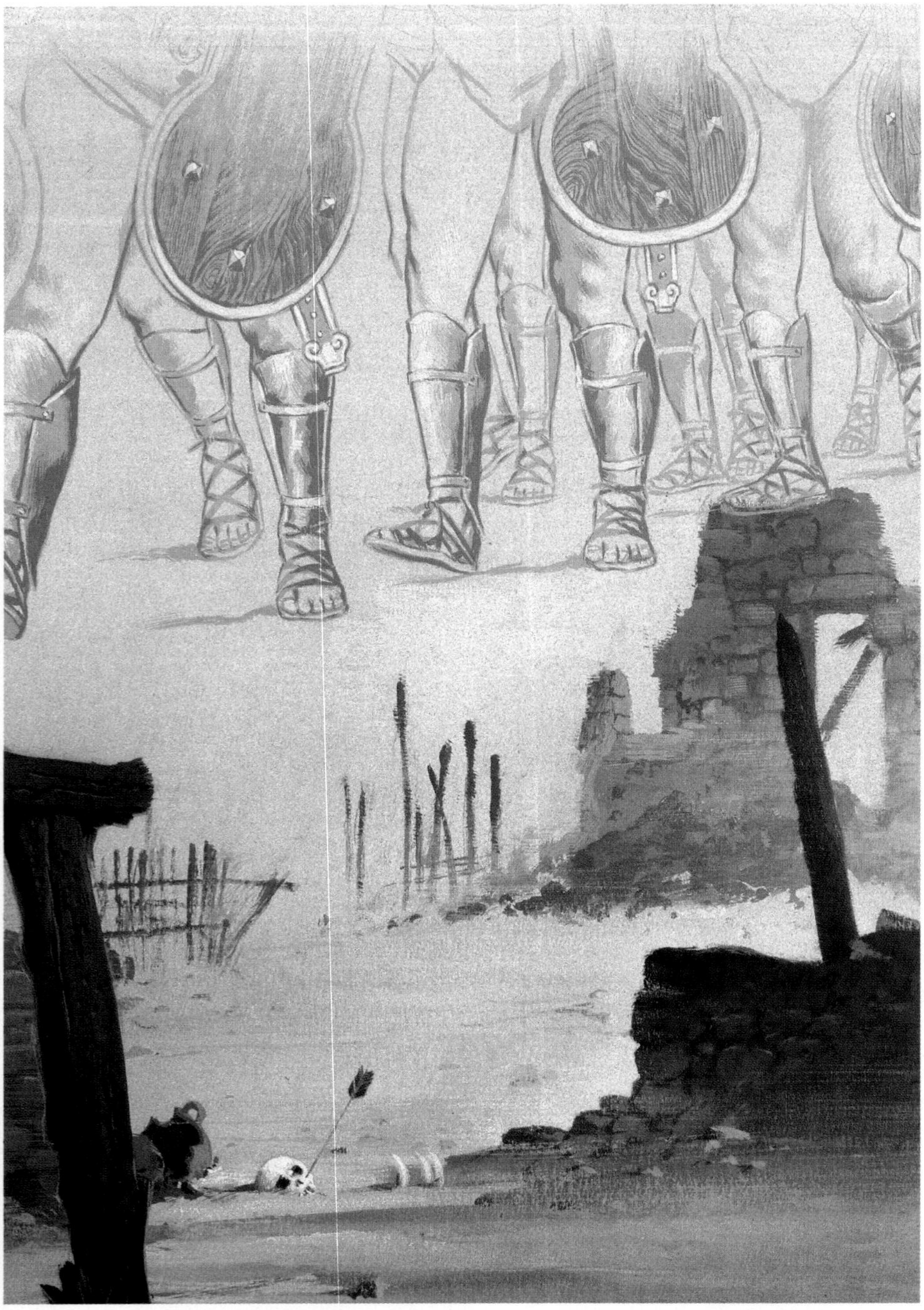

## Hazaël et Ben-Hadad II de Damas (IX-VIIIe siècle av. JC)

*Hazaël*, « Dieu a vu », devient roi d'Aram en assassinant son prédécesseur Ben-Hadad Ier; Elisée lui avait prédit, en pleurant, qu'il régnerait et serait un fléau pour Israël *(2 Rois 8. 7-15)*.

Son fils et successeur est appelé en hébreu Ben-Hadad, c'est-à-dire « fils [du dieu] Hadad » (voir p. 706), traduction de l'araméen Bar-Hadad (cf. par exemple, au temps de Jésus et des apôtres, qui parlaient araméen, *Barabbas*, « fils d'Abba », *Barnabé*, « fils de la consolation », ou *Barthélemy*, « fils de Tholémaï »). Le règne de Ben-Hadad II correspond à une période de déclin de l'Aram, qui va permettre à Israël de se redresser spectaculairement sous les rois Jéhoas et Jérobam II.

**Gath**: voir pp. 458-459.
**Zécarias**: voir pp. 810-811.

Après l'une de ses victoires contre Israël, Hazaël d'Aram décida d'envahir Juda. Il prit Gath et se préparait à monter sur Jérusalem.

Or, après la mort de Joad, Joas s'était détourné de Dieu: lui aussi avait laissé revenir le culte de Baal et d'Astarté dans son pays. Le fils de Joad, Zécarias, le lui avait reproché; Joas l'avait fait assassiner. Mais, en mourant, Zécarias avait dit: « Dieu me rendra justice. »

Joas comprit qu'il ne tiendrait pas contre l'armée d'Aram, pourtant moins nombreuse que la sienne; et pour apaiser Hazaël, il lui offrit tous les trésors consacrés du temple de Dieu. Hazaël retourna chez lui, satisfait, sans prendre Jérusalem, mais quelque temps après Joas fut assassiné par ses propres serviteurs.

(2 Rois 12. 18-22 et
2 Chroniques 24. 15-26)

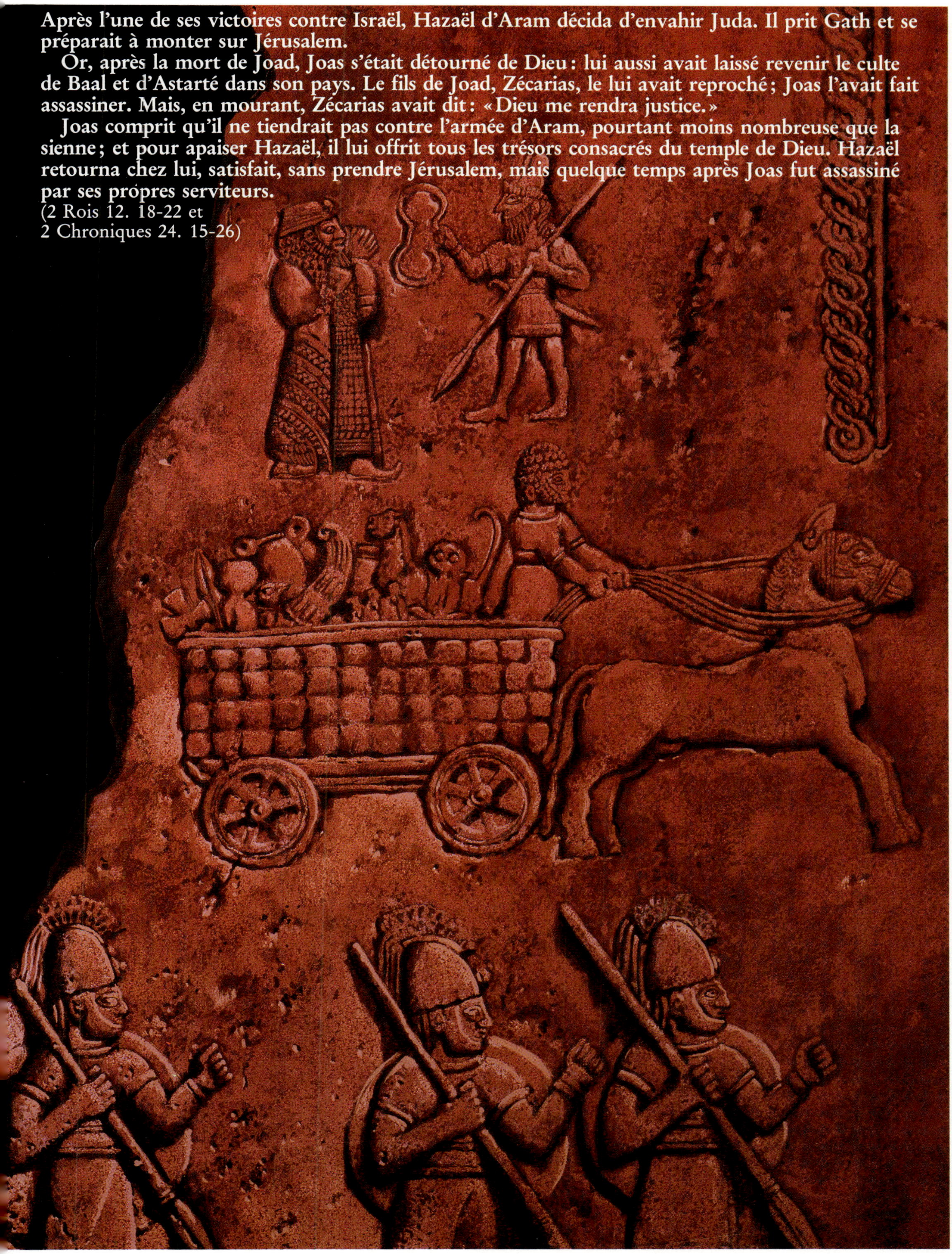

A Samarie, Joachaz mourut; son fils Jéhoas lui succéda. Elisée tomba gravement malade. Jéhoas vint le voir; il pleura contre son visage en sanglotant: «Mon père! Mon père! Chars et chevaux d'Israël!» Elisée lui dit: «Tends ton arc et tire vers l'orient.» Il tira le plus fort qu'il put: la flèche disparut à l'horizon.

Elisée cria: «Bravo! C'est la flèche de Dieu contre l'Aram: tu es maintenant prêt à vaincre les Araméens pour toujours! Prends tes autres flèches et martèles-en le sol!» Jéhoas prit ses autres flèches et en frappa trois fois le sol: «Malheur! s'écria Elisée, si tu avais frappé avec conviction, sans t'arrêter, tu aurais écrasé l'Aram définitivement! Hélas, c'est trois fois seulement que tu frapperas les Araméens...»

Jéhoas remporta trois victoires contre Ben-Hadad et reprit les villes que son père avait perdues face à Hazaël.
(2 Rois 13. 10-19 et 25)

**La «maladie» d'Elisée: sans doute la vieillesse**

On a vu pp. 746-749 qu'Elie avait pris Elisée à son service entre 865 et 855. Si l'on suppose que c'était en 860, et qu'Elisée avait alors 20 ans, il en a maintenant 82; en poussant la date et l'âge au maximum (855 - 15 ans) Elisée aurait tout de même 72 ans: pour l'Antiquité, c'est la vieillesse, «le 4e âge» comme on dit aujourd'hui.

Il n'est pas surprenant que Jéhoas, montant sur le trône et apprenant que le vieux prophète — auquel sa dynastie doit de régner — vient de tomber malade, se précipite, inquiet, à son chevet.

**«Mon père! Chars et chevaux d'Israël**: voir p. 765.

**L'*Orient***: Aram est plus ou moins à l'est d'Israël

**Hazaël avait humilié Israël. Mais Dieu montra sa tendresse envers son peuple, à cause de son alliance avec Abraham, Isaac et Jacob ; et il suscita un sauveur en Israël.**

**Elisée mourut. On l'ensevelit. Plus tard, des gens vinrent enterrer un autre homme qui venait de mourir. Au moment où ils commençaient de creuser sa tombe, ils aperçurent des pillards ; effrayés, ils déposèrent précipitamment le corps dans le tombeau d'Elisée et s'enfuirent. Le cadavre toucha les ossements d'Elisée : il retrouva la vie ; l'homme se redressa et il vivait.**

(2 Rois 13. 22-23, 5 et 20-21)

### Les Livres des Rois et les Chroniques

Les Livres des Rois ont été écrits, semble-t-il, vers le début de la captivité de Babylone, mettons vers 580-560 av. JC. Les Chroniques, elles, paraissent à peu près contemporaines d'Alexandre le Grand : elles dateraient donc de 320-300 av. JC. Les Rois, plus anciens, s'appuient sur peu de sources avouées ; les Chroniques, sur 14 sources mentionnées, mais dont la plupart ne semblent pas très sûres historiquement (elles seraient elles-mêmes tardives)... et surtout sur les Rois eux-mêmes. Les Rois présentent parallèlement les règnes de Juda et d'Israël ; les Chroniques ne s'intéressent qu'à Juda.

On a dit que les Rois « faisaient de la théologie à partir de l'histoire » (ce qui peut paraître légitime) et les Chroniques « de l'histoire à partir de la théologie » (ce qui les oblige à déformer volontairement et consciemment les faits pour qu'ils rentrent dans le cadre moral défini d'abord : ce qui est certainement abusif !) Voir aussi « La mort, conséquence du péché, p. 801.

Cependant, les Chroniques contiennent des renseignements originaux qu'on a pu vérifier et qui se sont révélés vrais. Surtout, même si leur manière de traiter l'histoire est « malhonnête » (mais cela est un point de vue moderne), leur théologie est juste et belle, et annonce de plus en plus celle du Nouveau Testament. L'intérêt exclusif pour Juda, et en particulier pour Jérusalem et son Temple, est conçu comme une saine passion pour le salut du *monde entier*: car le Temple de Dieu à Jérusalem apparaît comme le lieu d'où rayonnera *sur tous les hommes* la bénédiciton divine. Le chroniste attribue à Salomon cette prière : « Si un étranger à Israël vient ici [au Temple de Jérusalem] prier vers toi parce qu'il a entendu parler de ta force et de ta bonté, ô mon Dieu, exauce-le, afin que tous les peuples de la Terre te connaissent comme te connaît Israël, ton peuple. » *(2 Chroniques 6. 32-33).*

Il n'en reste pas moins que, tant pour les Rois que pour les Chroniques, les règnes de Juda bénéficient d'un préjugé favorable tandis que les règnes d'Israël sont toujours fondamentalement mauvais, et tout ce qui s'y passe de bon est *uniquement* dû à « la tendresse de Dieu envers son peuple, à cause de son alliance ». Cela, bien sûr, est fantaisiste historiquement, et moralement n'est pas chrétien : tout homme reste toujours libre de choisir le bien ou le mal, et le bien et le mal qui arrivent sur la Terre, ou dans un seul pays, ou dans une seule vie, dépendent *aussi* de la réponse de l'homme à l'action (l'amour) de Dieu.

### Israël est sauvé ; un mort vit à nouveau

Il est possible que l'étrange miracle opéré par les ossements d'Elisée soit vrai : tout est possible à Dieu. Mais il est probable que si le Livre des Rois le raconte — et à cet endroit-là — c'est pour mieux faire comprendre un message religieux.

Le parallélisme entre le sort du Royaume du Nord et celui de l'homme mort qu'on allait enterrer est évident : à l'époque de Joachaz, Israël est « mort » et prêt à être « enterré » comme Etat souverain ; c'est grâce à l'action miraculeuse de Dieu, déclenchée par pur amour pour son peuple, qu'il sera sauvé *in extremis*. (Pas plus que les Chroniques, le Livre des Rois ne s'intéresse aux réalités politiques : le déclin de Damas, la pression accrue de l'Assyrie, l'intelligence militaire de Jéhoas. Or, en fait, Dieu agit *à travers* toutes ces réalités humaines, qui sont libres.)

Mais il y a en outre ici un symbolisme nouveau, tout à fait original. Le Royaume du Nord est sauvé d'une situation humainement « désespérée », mais enfin il vivait encore ; Joas, à Jérusalem, avait également été sauvé d'une mort « certaine », mais enfin il n'était pas encore mort. Ici, il semble y avoir un peu plus. L'homme revit, alors qu'il est déjà mort, et *il retrouve la vie au contact des os d'un mort*: décidément, *rien* n'est impossible à Dieu ! Voilà un nouveau et prodigieux message d'espérance, adressé par l'auteur des Rois aux Hébreux en exil avec lui à Babylone ; c'est comme s'il leur disait : « Oui, Juda, notre pays, est mort, et nous ne sommes pas sûrs d'obtenir encore des prophètes comme Moïse, Elie ou Elisée. Mais Dieu reste le plus fort et, s'il le veut, nous serons l'an prochain à Jérusalem ! »

Voir aussi la vision d'Ezéchiel, pp. 980-981, où les os eux-mêmes se rassemblent et revivent. On peut voir aussi dans cet épisode curieux l'amorce d'un culte des reliques des saints, qui se développera fantastiquement de sainte Hélène (vers 250 - vers 330), mère de l'Empereur Constantin, jusqu'au Moyen Age... et au-delà.

# Isaïe

## La chute de Samarie
## Le triomphe de Jérusalem

Au VIII^e siècle av. JC surgit une formidable menace
contre les deux royaumes d'Israël et de Juda : l'Assyrie.
C'est alors qu'à Jérusalem apparaît Isaïe,
le prophète le plus magnifiquement inspiré de l'Ancien Testament.
Isaïe annonce la chute de Samarie et de Jérusalem,
mais en même temps il avertit ses frères dans la foi
que ces désastres politiques ne remettent pas en question
la promesse de Dieu à David :
« Ta descendance régnera sur Israël à jamais. »
Selon le Livre d'Isaïe, le Messie qui sera roi à Jérusalem
inaugurera pour le monde entier
une ère de justice et de bonheur éternels
— des Cieux nouveaux et une Terre nouvelle.
En guise de garantie à cette prophétie stupéfiante,
Isaïe prédit que les Assyriens ne prendront pas Jérusalem.
Et, en effet, « miraculeusement »,
la Cité de David est, cette fois, sauvée.

La deuxième année du règne de Jéhoas, fils de Joachaz, roi d'Israël, Amazias, fils de Joas, succéda à son père sur le trône de Juda. Il fit tuer les serviteurs du palais qui avaient assassiné son père, mais il ne fit aucun mal aux membres de leur famille qui n'avaient pas comploté avec eux; il obéit à la Loi: *Les parents ne seront pas châtiés pour leurs enfants, ni les enfants pour leurs parents; chacun n'est responsable que de ses propres actes.*

Mais Amazias provoqua une guerre contre Jéhoas d'Israël, et il fut battu et fait prisonnier. Alors Jéhoas prit Jérusalem; il détruisit ses remparts et pilla le temple. Puis Jéhoas mourut. Son fils devint roi à Samarie et prit le nom de Jéroboam II. Il fut un grand roi et reconquit des villes, car Dieu montrait sa tendresse envers son peuple à cause de son alliance avec Abraham, Isaac et Jacob: oui, le Seigneur suscita un sauveur en Israël. Mais Jéroboam II fit ce qui est mal aux yeux de Dieu; il fit comme Jéroboam Ier, le premier roi de son pays.

**La vie de Tobith et Tobie en leur temps**
(voir pp. 816, 835 et 865)

| *Date* | *Age de Tobith* | *Age de Tobie* | *Evénements* |
|---|---|---|---|
| 742 | naissance | — | Ménahem d'Israël; Jotham de Juda; Téglath-Phalasar III d'Assyrie |
| 721 | 21 | naissance | Prise de Samarie et déportation de son peuple dans l'Empire assyrien |
| 701 (ou 688) | 41 (ou 54) | 20 (ou 33) | Echec de Sennachérib face à Ezéchias de Juda, à Jérusalem (p. 840) |
| 680 | 62 | 41 | *Début du règne d'Asarhaddon; Tobith devient aveugle; Tobie épouse Sara* |
| 679 | 63 | 42 | *Tobie revient à Ninive; Tobith est guéri* |
| 630 | 112 | 91 | Mort de Tobith; Josias de Juda |
| 612 | — | 109 | Prise de Ninive; Tobie voit s'accomplir la prédiction de Nahum (p. 864) |
| 604 | — | 117 | Mort de Tobie; Eliacin de Juda |

Les événements de l'histoire de Tobie sont vraisemblablement fictifs, ou très fortement romancés, mais ils s'insèrent bien dans l'histoire de l'époque: voir en particulier, plus loin, pp. 849 et 864, et les épisodes de la *Fresque Biblique* relatifs à Judith et à Jérémie.

Amazias fut assassiné. Son fils Azarias lui succéda. Azarias, comme son père, obéit à la Loi et fit ce qui est bien aux yeux de Dieu. Cependant, il ne fit pas cesser les sacrifices aux idoles sur les hauts lieux, et Dieu le frappa : Azarias devint lépreux.

Jéroboam II mourut. Son fils Zacarias lui succéda et fit le mal : il fut assassiné par Challoum. Ainsi s'éteignit la maison de celui qui avait détruit la maison d'Achab, quatre générations après Jéhu lui-même, ainsi que Dieu le lui avait prédit.

Mais, un mois plus tard, Challoum fut assassiné par Ménahem. Ménahem fut lui-même un roi abominable, ne faisant que le mal. Téglath-Phalasar III, roi d'Assyrie, envahit le pays. Pour sauver son trône, Ménahem obligea tous les riches d'Israël à lui donner un demi-kilo d'argent ; et le roi transmit tout cet argent à Téglath-Phalasar III pour qu'il se retire d'Israël : il lui donna trente-trois tonnes d'argent. Cependant, Ménahem mourut ; son fils Phacéi lui succéda, mais fut assassiné par son écuyer, Phacé.

(2 Rois 14. 1-28 et 15. 1-26)

**L'assassinat de Joas de Juda** : voir pp. 812-813.

**Règnes d'Israël et de Juda** : voir p. 805.

**Prédiction à Jéhu** : voir pp. 806-809.

**Téglath-Phalasar III** : voir pp. 824-825.

**Règnes d'Assyrie** : voir pp. 834-835.

**Vision d'Isaïe, fils d'Amoth, concernant Jérusalem et Juda:**
**Ciel, écoute! Terre, prête l'oreille!**
**C'est le Seigneur qui parle:**
***J'ai eu des enfants, je les ai éduqués,***
***mais ils se sont révoltés contre moi.***
***Pourtant, le bœuf connaît son maître,***
***et l'âne lui-même reconnaît sa mangeoire!***
***Mais Israël ne me connaît pas, mon peuple ne comprend rien.***
***Malheur! Nation coupable, peuple chargé de crimes,***
***race malfaisante, fils pourris!***
***Ils se sont détournés du Seigneur,***
***ils ont méprisé le Saint d'Israël;***
***Ils se récusent!***
***Mais où donc vous frapperai-je encore, rebelles enragés?***
(Isaïe 1. 1-5)

**L'année de la mort du roi Azarias, dans le temple, je vis le Seigneur Dieu. Des anges l'entouraient en chantant: «Saint, saint, saint, le Seigneur, le Tout-Puissant: sa gloire envahit toute la Terre!»**

**Le temple était ébranlé. Je criai: «Malheur à moi! Car je suis un pécheur, au milieu d'un peuple pécheur, et j'ai vu Dieu!» Un ange vint à moi, une braise à la main; il m'en toucha la bouche, et dit: «Ton péché est effacé.» J'entendis alors la voix de Dieu; il me dit: «Parle à mon peuple.»**
(Isaïe 6. 1-9)

## Isaïe, fils d'Amoth (vers 760-vers 680 av. JC) et le Livre d'Isaïe

La transcription française du nom du père d'Isaïe en *Amos* (en hébreu ce nom se lit *Amots* ou *Amoz*) a souvent fait croire qu'Isaïe était le fils du prophète Amos, qui effectivement vécut au milieu du VIIIe siècle av. JC; mais il s'agit presque certainement de deux personnes différentes. *Isaïe* ou *Esaïe* (en hébreu *Isayah*, «Dieu [est mon] salut») commence à parler au nom de Dieu, et à ce titre — semble-t-il — à intervenir dans le gouvernement de Juda, sous le règne de Jotham (742-735); selon certaines traditions, il aurait été mis à mort par Manassé, qui l'aurait fait scier entre deux planches, parce que le prophète lui reprochait son idolâtrie (voir pp. 844-845).

Le *Livre d'Isaïe* lui est, comme son nom l'indique, attribué tout entier. Mais beaucoup estiment aujourd'hui qu'il n'aurait lui-même prononcé qu'une partie des chapitres 1 à 39 (le reste étant écrit par des prophètes «de son école», peut-être postérieurs à lui de plus d'un siècle) tandis que les chapitres 40-55 seraient d'un autre prophète (appelé le «Second Isaïe»; voir p. 832); les chapitres 56-66 seraient, eux, d'un «Troisième Isaïe»... qui ne serait peut-être lui-même qu'un groupe de prêtres de retour d'exil (donc après 538 av. JC, voir p. 844). Cela paraît probable, mais il faut avouer que ces hypothèses reposent presque exclusivement sur les différences de style et de «l'arrière-plan» historique de ces trois groupes de chapitres. Or il se peut très bien aussi que les discours réels du véritable Isaïe aient été écrits, puis remaniés, par trois copistes (ou trois écoles de copistes) différents; et «l'arrière-plan» — c'est-à-dire les allusions politiques *précises* concernant trois époques successives (le nom de Cyrus, par exemple, chapitres 44-45) — peut aussi avoir été précisé après l'accomplissement de ce qui était bien une authentique prédiction du prophète du VIIIe siècle (voir ci-dessous). Il semble d'ailleurs que l'ensemble des chapitres de ce qu'on a toujours appelé le Livre d'Isaïe ait toujours été copié sur un seul rouleau.

Quoi qu'il en soit, tel qu'il est, le Livre d'Isaïe apparaît comme l'ouvrage prophétique le plus fort, le plus saisissant (et littérairement le plus beau) de l'Ancien Testament; il en est le Livre le plus fréquemment cité dans le Nouveau Testament.
(voir pp. 832-833)

## Le «passé prophétique» et les dons de vision ou de prédiction

Dans Isaïe comme dans de nombreux autres textes prophétiques, certaines prédictions sont présentées dans un temps du passé, comme si elles étaient déjà accomplies. Or elles annoncent des événements futurs, parfois avec une précision véritablement troublante (voir p. 833). Il s'agit d'un procédé stylistique marquant la certitude intérieure: le prophète «voit» ce qu'il annonce «comme si c'était déjà arrivé». Pour les croyants, il est possible en effet que Dieu montre parfois à certains hommes des événements dramatiques du passé ou de l'avenir.

Pour le chrétien, pourtant, le futur n'existe pas, nulle part; rien n'est écrit; l'homme est vraiment libre, et responsable de l'avenir. Cela est et reste absolument vrai, du point de vue temporel qui est nécessairement le nôtre. Mais Dieu vit dans l'éternité; il voit et connaît tout, y compris ce qui n'existe pas encore et qui sera fait selon notre liberté, selon nos choix, demain, dans 100 ans ou dans 1000 ans. Dieu ne le «prévoit» pas, de façon probabiliste, statistique, générale ou vague; il le «voit» ou même il «l'a vu» de toute éternité — d'où le *passé prophétique*.

On a pu lire p. 552 une autre traduction du troisième des textes d'Isaïe cités ci-dessus.

Oui, voilà ce que Dieu m'a dit quand il m'a appelé, m'ordonnant de ne pas suivre vos voies mauvaises : *Seul le Seigneur est saint ! Il sera le sanctuaire, mais aussi la pierre d'achoppement pour les deux royaumes d'Israël. Au travers du pays, accablement, famine. On aura faim, et l'on maudira Dieu. Et l'on ne verra que misère et ténèbres, angoisse et désolation — on sera engloutis par la nuit...*

*Mais ces régions obscures, après les avoir couvertes de honte, Dieu les illuminera de sa gloire. Le peuple qui marchait dans les ténèbres a vu une vive lueur ; sur ceux qui habitaient le pays de l'ombre, une lumière a resplendi : oui, ô mon Dieu, tu as fait éclater leur joie !*

*Car un enfant nous est né ; un fils nous a été donné ! Il règne ! Son nom : Merveilleux-Conseiller, Dieu-Fort, Père-Eternel, Prince de la Paix.*
*Il régnera pour toujours sur le trône de David, trône qu'il rétablira et fondera sur le droit et la justice.*

*La passion du Seigneur, le Tout-Puissant, accomplira cela.*
(Isaïe 8. 11-14 et 21-23 et 9. 1-6)

## Chant de la vigne de mon bien-aimé

Mon bien-aimé a planté une vigne, sur un coteau plantureux. Il en a enlevé les pierres, retourné le sol; il a choisi les meilleurs plants et les a taillés avec amour. Il en attendait de beaux raisins. Mais il n'en a eu que du mauvais. Alors il s'est écrié: «Malheur à ma vigne! Je vais cesser de l'entretenir et de réparer ses murets! Elle sera dévorée, dévastée, piétinée; il n'y poussera plus que des ronces!»

Maintenant, gens de Juda, écoutez: *la vigne de mon bien-aimé, c'est le peuple de mon Dieu.* Dieu attendait de vous de belles actions, et vous vous conduisez comme des canailles. A mes oreilles a retenti le cri de mon bien-aimé: «Malheur à mon peuple! Ils volent, ils se saoulent, ils mentent, ils vivent dans la débauche et se dessèchent à force d'orgueil: la Mort va ouvrir sa gueule et ils vont s'y engouffrer en dansant!»

Dieu s'enivre de rage contre son peuple: il le frappe, les montagnes tremblent, et les cadavres s'entassent dans la rue, comme des ordures. Du bout du monde il fait surgir des guerriers infatigables; ils ont des uniformes étincelants, leurs flèches sont aiguës, leurs arcs sont toujours tendus, les sabots de leurs chevaux frappent comme des pierres et les roues de leurs chars volent comme des tourbillons.

(Isaïe 5. 1-28)

**Les « guerriers infatigables »**

Ainsi sont appelés les Assyriens, « gourdin » de Dieu pour « frapper » les « rebelles enragés » que sont ses « enfants », Israël et Juda. Voir aussi pp. 828-829 .

A Jérusalem, Azarias mourut ; son fils Jotham lui succéda. Comme son père, Jotham obéit à la Loi et fit ce qui est bien aux yeux de Dieu. Mais le peuple de Juda restait corrompu. Jotham mourut ; son fils Achaz lui succéda.

Achaz ne fit pas comme son père, ni son grand-père, ni son ancêtre David ; il fut un roi abominable, ne faisant que le mal. Il suivit le chemin des rois d'Israël : il adora les idoles et leur offrit son fils en sacrifice.

Récin, roi d'Aram, et Phacé, roi d'Israël, envahirent le pays. Achaz prit l'or et l'argent du temple et du palais et les envoya au roi d'Assyrie en disant : « Je me soumets à toi ; délivre-moi d'Aram et d'Israël ! »

Téglath-Phalasar III, roi d'Assyrie, accorda son alliance à Achaz et attaqua lui-même Aram : il assiégea Damas, s'en empara et en déporta la population. A Jérusalem, Achaz, soulagé, redoubla de piété pour les idoles et installa même un culte sacrilège dans le temple.

(2 Rois 15. 32-38 et 16. 5-18 ; 2 Chroniques 27. 1-9 et 28. 1-4 et 16-25)

**A la mort de Phacé, Hosé, fils d'Ela, monta sur le trône d'Israël. Hosé fit ce qui est mal aux yeux de Dieu, mais pas autant que tous les rois qui l'avaient précédé. Salmanasar V, roi d'Assyrie, envahit le pays. Il soumit Hosé et l'obligea à lui payer tribut. Mais Hosé complota une alliance avec le pharaon d'Egypte. Salmanasar V l'apprit et fit jeter Hosé en prison.**
(2 Rois 17. 1-4)

### Téglath-Phalasar III, roi d'Assyrie (745-727 av. JC)

C'est Téglath-Phalasar III qui fait de son pays l'empire cruel et invincible qu'il est resté dans la légende. A partir de 729, il règne à Babylone sous le nom de *Poulou*, ce qui explique son apparition dans la Bible sous le nom de Phul. Sur une stèle que l'on date de 739 av. JC, on lit que « Minihimmé de Samérina » lui paie tribut à cette époque : il s'agit de Ménahem de Samarie (743-738), transcrit en assyrien.

Sa campagne contre Récin d'Aram et Phacé d'Israël est rappelée par des documents assyriens datés de 734-733 : on y lit que Téglath-Phalasar prit Damas et battit Israël (toujours appelé « maison d'Omri », voir pp. 808-809) ; les documents précisent : « Je déportai en Assyrie beaucoup de gens de la maison d'Omri... Ils renversèrent leur roi Pagaha [Phacé] et j'installai A'usi' [Hosé] pour le remplacer ; je leur imposai un tribut annuel de 350 kg d'or et trois tonnes et demie d'argent. »

Enfin, un texte assyrien daté de la dix-septième année de son règne — donc 729 ou 728 — inclut Ya'uhazu de Ya'udu [Achaz de Juda] parmi les nombreux princes payant tribut au roi d'Assyrie. Juda, lui aussi, a donc cessé d'être vraiment indépendant...

L'Empire assyrien est en passe de conquérir la totalité du Croissant fertile.

### Salmanasar V et Sargon II d'Assyrie (727-722 et 722-705 av. JC)

Un manuscrit d'une chronique babylonienne datée de la 22e année du règne de Darius Ier de Perse (521-486 av. JC), donc de 498 ou 499 av. JC, affirme que Choulman-Achared [Salmanasar] détruisit Shamara'in [Samarie, en accadien] mais mourut peu après. Choulman-Achared règne donc cinq ans sur l'Assyrie et sur Accad [la Babylonie]. Alors Charroukin [Sargon] devint roi d'Assyrie, mais quelques mois après Mardouk-Apla-iddina [Mérodac-Baladan] devint roi d'Accad. »

On pense donc aujourd'hui que c'est bien Salmanasar V qui « prit » Samarie, mais que c'est Sargon II qui la « reprit » vraiment, le premier étant sans doute mourant — à Ninive, sans doute — au moment de la reddition de la ville. Et ce serait Sargon II qui, en 721-720 probablement, aurait pris la double décision de remplacer le roi d'Israël par un gouverneur assyrien et de déporter toute la population de Samarie, accomplissant ainsi ce qu'on appellerait de nos jours le « génocide culturel » du Royaume du Nord (voir p. suivante).

## L'EMPIRE ASSYRIEN AU VIIIe SIÈCLE AV. JC

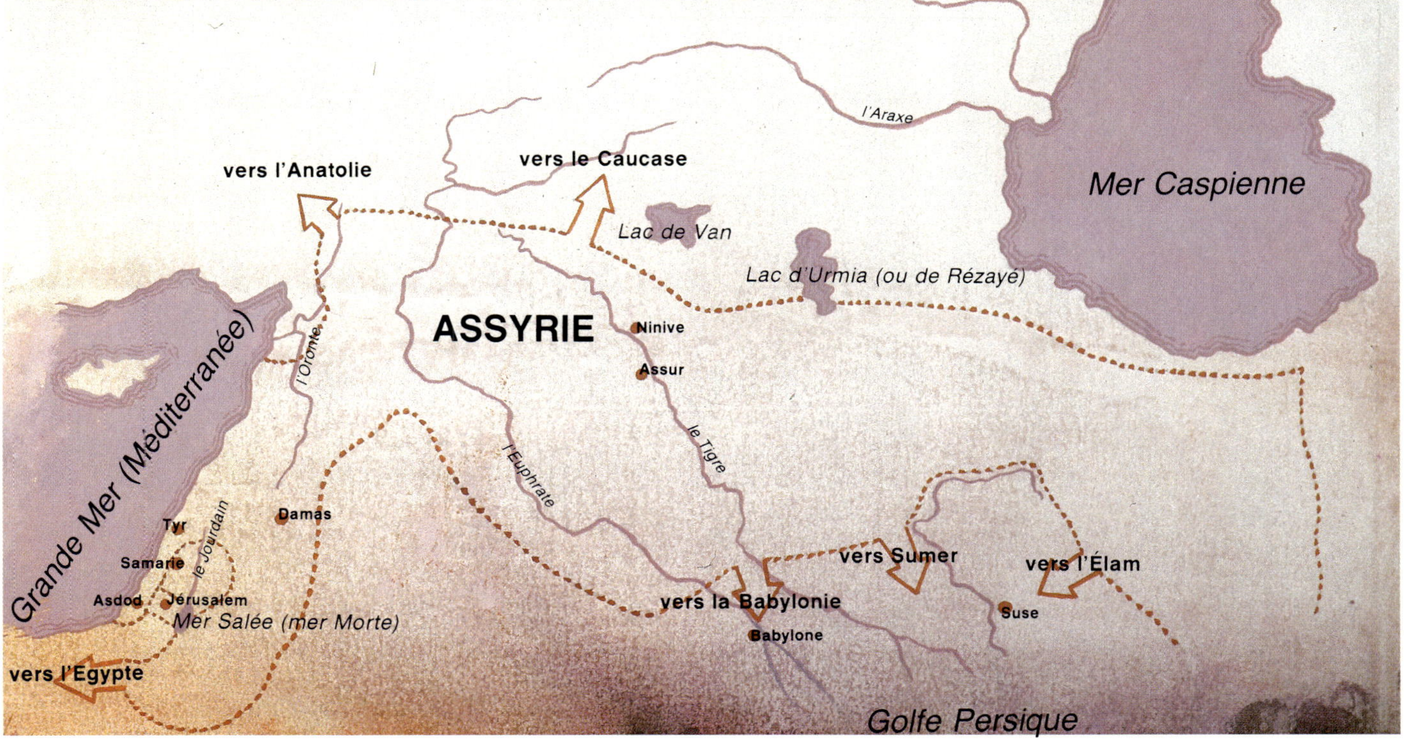

**Alors Salmanasar v, roi d'Assyrie, décida de prendre tout le royaume d'Israël. Il monta contre Samarie et l'assiégea. Après trois années de siège, le roi d'Assyrie s'empara de la capitale d'Israël.**

**Et la population du royaume, le roi d'Assyrie la déporta dans son pays, sur les bords du Tigre et de l'Euphrate.**
(2 Rois 17. 5-6)

### La chute de Samarie et la déportation

Sargon II doit avoir été un tyran effroyable. Sur une inscription datée de 716 ou 715 av. JC, il se présente comme « roi fort, roi de l'univers, roi d'Assyrie, roi des quatre morceaux du monde ». On croit donc maintenant qu'il s'attribue la prise de Samarie qui revient à son frère aîné Salmanasar v, sous les ordres duquel, il est vrai, il servait comme général en chef des armées.

Mais le traitement impitoyable réservé à Samarie semble bien être son œuvre ; en tout cas, il affirme, sur un document à son nom : « Les gens de Samérina [Samarie], alliés à un roi ennemi pour refuser de me payer tribut, me provoquèrent ; avec la force de mes grands dieux je les battis et en fis 27 280 prisonniers, malgré leurs chars et leurs dieux... J'agrandis Samérina et l'embellis ; j'y fis venir des peuples que j'avais conquis de mes propres mains ; j'y nommai comme gouverneur un haut fonctionnaire assyrien et tout le pays me paya tribut comme mon propre peuple. »

### Les « Samaritains »

Exactement 27 280 prisonniers emmenés en Assyrie ! C'est sans doute, à la dizaine près, la population de Samarie. Comme la plus grande partie d'Israël avait déjà été conquise et déportée du temps de Salmanasar v, on comprend que le Royame du Nord ait bien été « exterminé » (culturellement) comme l'avaient annoncé les prophètes. De ce point de vue, on comprend bien aussi que les gens de Juda aient toujours eu tendance à considérer les « Samaritains » qui occupèrent le pays à partir de 720 av. JC comme n'étant pas leurs frères : ni par la race, ni par la langue, ni surtout par « leur ancêtre Abraham » et leur foi

Pour repeupler le pays qu'il avait vidé de ses habitants, le roi d'Assyrie fit venir en Israël des gens de son pays et d'autres pays qu'il avait conquis. Mais des lions surgirent et dévorèrent beaucoup de ces gens: car ils ne craignaient pas Dieu. Ils dirent au roi d'Assyrie: « Les dieux de ce pays nous envoient des lions parce que nous ne savons pas comment les honorer; renvoie-nous un homme né à Samarie qui nous dise comment le faire. »

Le roi laissa rentrer en Israël un homme de Dieu. Aux nouveaux habitants de son pays, ce prêtre enseigna la crainte du Seigneur, et leurs malheurs cessèrent.

Mais, en fait, ces gens conservèrent aussi leurs idoles et leurs cultes païens. Et aujourd'hui encore leurs descendants, les Samaritains, n'observent pas vraiment la Loi de Dieu.

(2 Rois 17. 6-41)

en Dieu, ces gens n'étaient pas de leur peuple; c'étaient des *usurpateurs.*

Ce problème ne rappelle-t-il pas celui, d'une actualité malheureusement brûlante, des Palestiniens? Il y a ceux qui ont des « droits historiques » sur la terre d'Israël, et ceux qui ne sont que des « envahisseurs » ; et selon qu'on est pour l'un ou l'autre camp, on rappelle que les Juifs sont là depuis Abraham (3700 ans au moins) tandis que les Palestiniens ne sont arrivés que sous l'Empire romain (ou même sous l'Islam) ; ou bien que les Palestiniens sont les vrais propriétaires de la Palestine — ainsi que leur nom l'indique d'ailleurs depuis des siècles — tandis que les « Israéliens » ne sont qu'une fiction impérialiste anglo-américaine...

Problème, en droit, insoluble. Pourtant, voilà bientôt 2000 ans que Jésus a proposé une solution de fait, avec sa fameuse *parabole du Bon Samaritain (Luc 10. 29-37,* voir pp. 746-747) : « Aime ton prochain » — quel qu'il soit.

Voir aussi *Le sionisme,* p. 1061.

Tout cela est arrivé — la chute de Samarie, la fin du royaume d'Israël, la déportation en Assyrie et le repeuplement du pays par des idolâtres — parce que les fils d'Israël n'avaient pas craint Dieu. Dès l'époque de Jéroboam, les fils d'Israël avaient relevé les idoles des peuples que le Seigneur avait dépossédés devant eux: ils avaient abandonné tous les commandements de Dieu, ils s'étaient fait des veaux d'or, ils s'étaient prosternés devant Baal, ils s'étaient jetés dans la débauche avec Astarté, ils avaient sacrifié leurs fils et leurs filles.

Par la voix des prophètes, Dieu les avait longtemps avertis, mais ils ne l'avaient pas écouté...
(2 Rois 17. 7-41)

**«L'arbre de Jessé»** : voir p. 552.

Parole du Seigneur: *Malheur aussi au roi d'Assyrie, mon gourdin! Car il s'enorgueillit de sa victoire, le fou!*

*Est-ce le gourdin qui fracasse, ou le bras qui le manie? L'Assyrie aussi sera dévastée.*

*Un jour, le reste d'Israël se tournera sincèrement vers le Seigneur. Un rameau sortira de la souche de Jessé: un héritier jaillira de ses racines. Sur lui sera posé l'esprit de Dieu, esprit de sagesse et d'intelligence, esprit de conseil et de vaillance, esprit de connaissance et de respect de Dieu. Il régnera selon la justice.*

*Alors, l'agneau habitera la tanière du loup, le chevreau dormira sur le flanc du léopard, la lionne et le veau partageront leur fourrage; de tout petits enfants les feront paître ensemble — et ce sera la Paix.*

(Isaïe 10. 5-34 et 11. 1-17)

*Sur le nid des cobras, sur le trou des vipères, sans craindre aucun péril, tous pourront gambader ; car il n'y aura plus ni souffrance ni mort. Comme les eaux comblent la mer, l'esprit de Dieu comblera l'homme.*
(Isaïe 11. 8-9)

***Oui, un jour, tous les peuples de la Terre convergeront vers Jérusalem pour jouir de la connaissance de Dieu.***
***De leurs épées ils feront des charrues.***
***Et de leurs lances ils feront des faucilles.***
***On ne brandira plus les armes nation contre nation.***
***On ne songera plus à se faire du mal les uns aux autres.***
**Accours joyeux, peuple de Dieu!**
**Dansons dans la lumière du Seigneur!**
(Isaïe 2. 2-5)

## Les prophéties du Premier Isaïe

La prédiction d'Isaïe concernant la chute de l'Assyrie s'accomplira environ un siècle après avoir été prononcée : en 612, Ninive tombera, et jamais ce pays ne se relèvera (voir p. 835).

Mais l'essentiel des prophéties du Premier Isaïe (voir pp. 820-821) n'est pas là. L'essentiel, c'est ceci : malgré ses alliances terrestres, Samarie est tombée ; ce ne sont pas des alliances terrestres qui sauveront Jérusalem. Jérusalem ne serait sauvée que par la foi en Dieu. Or cette foi est insuffisante. Donc Jérusalem tombera, elle aussi. Mais la promesse de Dieu s'accomplira néanmoins. Du « reste » de Juda naîtra un jour — Dieu seul sait quand, et comment — le vrai sauveur d'Israël, le Messie, l'héritier de David annoncé par Nathan (voir p. 624). Alors commencera, pour la Terre entière — selon la promesse faite à Abraham (voir p. 114 *et passim*) — le règne de Dieu, « les Cieux nouveaux et la Terre nouvelle » (voir pp. 844-845), qu'Isaïe envisage, au travers de saisissantes images d'harmonie entre les animaux et les hommes, comme un triomphe de la paix, de la justice et de la joie.

Pour les chrétiens, cette prédiction est en partie accomplie. Jésus est le Messie. Le Royaume de Dieu est ouvert à tous les hommes, sur la Terre entière. Mais ce royaume, s'il est bien commencé, est loin encore de s'être déployé, ou étendu visiblement à tous les hommes. Maintenant, les chrétiens connaissent le Royaume, et « y » (ou « en ») vivent déjà effectivement lorsqu'ils vivent dans l'amour ; mais la majorité des hommes — et même des chrétiens — continuent de vivre hors de la foi, de l'espérance et de la charité. Selon Isaïe (et Jésus lui-même, évidemment : voir par exemple *Matthieu 13. 31-50, 19.28* et *24. 27-35*), un jour viendra cependant où le Royaume s'épanouira complètement et où, dès lors, l'amour de Dieu et des hommes sera aussi manifeste à toute l'humanité que sont clairs les signes ou les symboles que le prophète en imagine : *l'agneau habitera la tanière du loup, les enfants sautilleront au milieu des serpents, des épées on fera des charrues*, etc.

## « De leurs épées ils feront des charrues »

Les prédictions messianiques doivent, pour les chrétiens, être divisées en deux : la venue du Messie, le triomphe du Messie. Le Premier Isaïe semble avoir tout à fait ignoré cela : il semble, pour lui, que le Messie surgira comme un vengeur irrésistible, un très grand roi — un conquérant qui installerait d'un coup son Royaume « surnaturel » au milieu de la débâcle militaire et matérielle de ses ennemis. Il paraît exagéré d'attribuer à Isaïe, comme certains prédicateurs le font parfois à propos de l'Ancien Testament, en bloc, une vision toute « naturelle » ou terrestre du rôle du Messie et du royaume qu'il inaugurerait.

Au contraire, Isaïe multiplie les comparaisons indiquant que ce nouveau roi d'Israël et sauveur du monde ouvrira une ère tout à fait nouvelle de l'histoire des hommes, et même de l'univers entier (l'harmonie restaurée entre les animaux en offre une image transparente). Son règne sera éternel, et il n'y aura plus de souffrance. Cela n'est pas « naturel » mais « surnaturel » — au sens où l'on entend habituellement ces deux mots aujourd'hui. Toutefois, il n'est pas encore clairement question de vie éternelle offerte à chaque être humain (cette idée vient très lentement en Israël, nous l'avons déjà suggéré plusieurs fois), et surtout il n'est pas encore du tout question d'un triomphe de l'amour *par* l'amour même.

Cette idée d'une victoire de l'amour *par le seul amour*, cœur du christianisme, commence d'apparaître en Israël avec le Second Isaïe. Mais l'amour, à l'inverse de la victoire militaire, prend du temps, beaucoup de temps même, pour se répandre et pour triompher. Car l'ennemi n'est plus extérieur, mais intérieur. Aussi était-il difficile pour le Premier Isaïe d'imaginer qu'*il se passerait* — comme les chrétiens affirment que nous le vivons maintenant — *tant de temps* entre la venue du Messie et sa victoire finale.

Néanmoins, il faut le répéter, dès ces textes extraordinaires attribués à l'Isaïe du VIII$^{e}$ siècle av. JC, la réalité du Royaume de Dieu est pressentie — et splendidement exprimée. « De leurs épées ils feront des charrues, et de leurs lances ils feront des faucilles » est une image qui montre avec une force et une clarté parfaites l'explication des deux vers suivants : les rapports entre les hommes seront tout à fait changés ; au lieu de travailler à se détruire mutuellement, ils ne vivront plus que pour s'entraider. Ce n'est peut-être pas encore tout à fait l'amour chrétien, mais ce n'en est vraiment plus très loin !

Cette partie de la prédiction commence-t-elle enfin à s'accomplir ? Les *Nations Unies* ont pris cette prophétie pour emblème... et l'on peut espérer qu'un jour viendra où, en effet, les nations s'uniront et l'appliqueront comme devise.

## Les prophéties du Second Isaïe

L'auteur — ou les auteurs (voir pp. 820-821) — auquel on attribue les chapitres 40-55 du Livre d'Isaïe, appelé Second Isaïe (ou Deutéro-Isaïe), semble avoir vécu à l'époque de la fin de l'exil (retour d'exil : à partir de 538 av. JC, voir pp. 1058-1061). Son idée essentielle est que la souffrance d'Israël, déporté à Babylone, va être le « moteur » dont Dieu veut avoir besoin pour sauver tous les hommes ; cette souffrance collective est symbolisée par une image bouleversante, celle du Serviteur de Dieu, acceptant d'être « broyé » pour tous les péchés des autres.

En plusieurs passages, la personnification de ce Serviteur est si complète, si vivante, et aussi tellement violente et tellement précise qu'il est presque impossible de ne pas voir en lui une préfiguration de Jésus lors de sa nuit d'agonie, de son jugement, de sa passion, de sa mort et de sa résurrection, ainsi que de la croissance mondiale de sa doctrine : le christianisme. De ce point de vue, ces passages du Second Isaïe se passent de tout commentaire. Mais on peut se poser quatre questions à leur sujet.

**1** Comment leur auteur a-t-il pu décrire avec autant de précision ce qu'il n'a humainement pas pu connaître (la vie de Jésus) ?

*Réponse* : pour les croyants, comme les psaumes 3 et 22 (voir pp. 636-637),

Dieu m'a parlé pour que je soulage ceux qui souffrent. J'ai obéi, docilement; j'ai livré mon dos à ceux qui me fouettaient, j'ai tendu mes joues à ceux qui m'arrachaient la barbe; face aux outrages et aux crachats, j'ai offert mon visage. Dieu me justifiera!

*Parole du Seigneur — Mon serviteur triomphera: il sera élevé très haut, et suprêmement glorifié. Ainsi qu'en le voyant la foule était épouvantée — son corps était si meurtri qu'il n'avait plus l'air d'un homme — ainsi en le voyant à nouveau des foules de peuples seront émerveillés.*

Mais qui croira ce que Dieu m'a dit? Devant Dieu, le Serviteur semblait misérable; il était méprisé, négligé de tous, douloureux, habitué à souffrir; et nous avions tous honte de lui.

*Nous, nous le pensions humilié, frappé, détruit par Dieu. Mais c'était pour nous qu'il souffrait; à cause de nos péchés qu'il était broyé. Il a été jugé; il n'a rien dit. Il a été condamné; il est mort, pour nous. Or il n'avait fait aucun mal, et n'avait dit que la vérité.*

O Seigneur, accepte son sacrifice pour tous les pécheurs: que, grâce à lui, ta volonté soit faite! Justifie-le, fais-le connaître, fais-le régner.

Sur tous les peuples et pour l'éternité!

(Isaïe 50. 4-9, 52. 4 et 13-15 et 53. 1-32)

c'est un mystère de la foi; peut-être Dieu a-t-il « montré » au « Second Isaïe » certaines scènes de la passion du Christ, comme il semble en avoir donné la vision à certaines autres personnes depuis (Julienne de Norwich, Thérèse Neumann, Marthe Robin, par exemple).

**2** Jésus connaissait-il ces prophéties concernant le Serviteur de Dieu, et s'est-il consciemment identifié à lui?

*Réponse*: oui.

**3** Les évangélistes les connaissaient-ils, et les ont-ils consciemment appliquées à la passion de Jésus?

*Réponse*: oui.

**4** Ces prophéties ne s'appliquent-elles donc (plus) qu'à Jésus?

*Réponse*: non. *Le Serviteur de Dieu représente d'abord la communauté d'Israël, et de tous les croyants;* cela reste vrai. Il est *ensuite l'image particulière de Jésus*, mais aussi de tous ses prophètes (voir par exemple Jérémie, p. 947), y compris les auteurs du Livre d'Isaïe eux-mêmes — ou ce seul auteur lui-même (voir pp. 820-821). Et il est *enfin la préfiguration, le frère, le modèle et le justificateur de tous les martyrs* pour la justice et la vérité, chrétiens et non chrétiens, dans le monde entier et pour tous les temps. Selon le Second Isaïe, et les chrétiens, les souffrances qu'ils ont acceptées pour le salut des autres hommes contribuent mystérieusement au déploiement du Royaume, et *participent* même à la *rédemption* accomplie par le Messie, le Serviteur privilégié. Voir aussi pp. 998, 1008 et 1017.

A Jérusalem, Achaz mourut. Son fils Ezéchias lui succéda. Ezéchias fit ce qui est bien aux yeux de Dieu, comme l'avait fait David son ancêtre. Il démolit toutes les idoles de Judas et se tourna totalement vers le Seigneur. Dieu marchait avec lui, et il réussissait dans toutes ses entreprises : il écrasa une révolte des Philistins et se rendit à nouveau indépendant du roi d'Assyrie.

Cependant, Sennachérib, le nouveau roi d'Assyrie, envahit Juda : il prit toutes ses villes sauf Jérusalem. Ezéchias lui envoya un message : « J'ai commis une erreur, je veux la réparer. N'attaque pas Jérusalem ; je te paierai le tribut que tu voudras. » Sennachérib fixa le tribut à dix tonnes d'argent et une tonne d'or. Ezéchias dut livrer tout l'or et tout l'argent de Jérusalem : il dut même arracher les plaques d'or qu'il avait lui-même offertes au temple.

Sennachérib prit l'or et l'argent... mais ne retourna pas dans son pays. Au contraire, il envoya une grande armée contre Jérusalem. Quand cette armée apparut au pied des hautes murailles de la ville, tout le peuple grimpa sur les murs pour la voir. Trois officiers en sortirent et s'avancèrent à portée de voix ; leur chef s'écria : « Gens de Jérusalem ! N'écoutez pas votre roi ! Ezéchias vous trompe en affirmant : *Dieu nous protégera.* Mon maître le roi d'Assyrie n'a-t-il pas pris de nombreuses villes ? Les dieux de ces villes les ont-ils protégées ? Si vous ne vous rendez pas, nous vous assiégerons et vous mourrez de faim et de soif ! » Mais, selon l'ordre d'Ezéchias, personne ne répondit à ces menaces, à ces insultes et à ce blasphème.

**Ezéchias alla au temple pour prier Dieu. Puis il dit à Isaïe: «Prie Dieu de sauver ce qui reste de son peuple!»**

**Isaïe répondit: «N'aie pas peur. Dieu nous protège. Sennachérib ne prendra pas Jérusalem, mais au contraire il fuira et il sera frappé à mort.»**

(2 Rois 18 et 19. 1-7, 2 Chroniques 29-32. 1-6 et Isaïe 36-37. 1-7)

### Ezéchias, roi de Juda (716-687)

Samarie venait d'être prise; rien ne semblait capable de résister au Nouvel Empire assyrien. Pourtant, le 13e règne de Juda, celui d'Ezéchias, apparaît humainement comme l'apogée du Royaume du Sud. *Ezéchias*, «[C'est] Dieu [ma] force», favorise aussi bien les sciences que le commerce, et les arts que la religion: son règne marque en effet une très vigoureuse renaissance du culte de Dieu. Prudent autant que pieux, Ezéchias, après s'être libéré de la tutelle de l'Assyrie, ne s'embarque pas dans d'illusoires alliances terrestres, avec l'Egypte par exemple, contre son ancien suzerain. D'ailleurs il suit les conseils d'Isaïe, qui recommande de ne se fier qu'à Dieu seul.

### Les règnes assyriens à l'époque des guerres contre Israël et Juda

(selon les chroniques mésopotamiennes et l'archéologie contemporaine)
Assur-Nasirpal II 883-859
Salmanasar III 858-824
Chanchi-Adad V 824-810
Sémiramis 810-805? (voir p. 999)
Adad-Nirari III 805-782
Salmanasar IV 782-772
Assur-Dan 772-754
Assur-Nirari V 753-746
Téglath-Phalasar III 745-727
Salmanasar V 727-722
Sargon II 722-705
Sennachérib 705-681
Asarhaddon 680-669
Assurbanipal (Sardanapale) 668-626
Saracos 621-612
(Assur-Uballit II 612-609, à Harran; voir p. 917)

Les «vides» qui séparent quelquefois les dates des règnes du Nouvel Empire assyrien s'expliquent par la nécessité qu'ont pratiquement tous les nouveaux rois... de conquérir (et, souvent même, de reconquérir) une partie au moins de leur Empire avant de régner, effectivement ou nominalement; et aussi par les «deux pays» quasiment égaux qui constituent cet Empire, l'Assyrie et la Babylonie. Cette dernière, qui joue un peu le rôle de la Grèce par rapport à Rome, qui serait ici l'Assyrie, se révolte fréquemment contre le roi de Ninive, ou se donne à un de ses frères, que le roi doit donc d'abord éliminer avant de régner à Babylone.

En 612 av. JC, Ninive est prise et détruite par une confédération de peuples naguère encore vassaux de l'Assyrie, dont principalement les Mèdes et les Babyloniens. C'est bien en vain que pendant trois ans l'armée assyrienne résistera encore aux vainqueurs, en proclamant même «roi d'Assyrie» Assur-Uballit II — qui ne régnera jamais. L'Assyrie est morte. Voir pp. 716-719 et voir pp. 863-864 et 917.

### Le tunnel d'Ezéchias

Ezéchias fait néanmoins creuser un extraordinaire tunnel de 550 m de long à travers la roche sur laquelle est bâtie Jérusalem, pour y disposer d'une source d'eau potable en cas de siège. Ce tour de force technique, pour l'époque, fonctionne toujours: aujourd'hui encore, l'eau de la source de Marie (ou de *Gihon*, «la Bouillonnante», voir pp. 602-603) coule toujours le long du «tunnel d'Ezéchias» jusqu'à la piscine de Siloé, à l'intérieur du mur de Jérusalem (les murs ont été déplacés depuis le temps de David).

Il se peut que les événements rapportés ici pp. 834-840 se soient déroulés au cours d'une seule campagne de Sennachérib contre Ezéchias, en 701 ou en 688; mais il est plus probable qu'ils rapportent des faits survenus d'abord en 701, puis — à partir des pp. 836-837 — en 688. Ils sont eux aussi attestés par les archives assyriennes. Conformément aux prophéties d'Isaïe, ce qui aurait pu être le désastre de Juda, la prise de Jérusalem et la fin du Royaume du Sud (comme la prise de Samarie avait été la fin du Royaume du Nord, une vingtaine d'années auparavant), Jérusalem sera délivrée des Assyriens d'une manière pour le moins «mystérieuse» (voir p. 840); et ce grand échec assyrien marquera le triomphe temporel de Juda.

Alors Ezéchias reçut les trois officiers envoyés en ambassade par le roi d'Assyrie : ils lui donnèrent la lettre de Sennachérib au roi de Juda. Cette lettre disait au roi ce que les officiers avaient dit au peuple : « Pas plus que leurs dieux n'ont protégé toutes les villes que j'ai prises, ton dieu ne protégera Jérusalem. Rends-toi. »

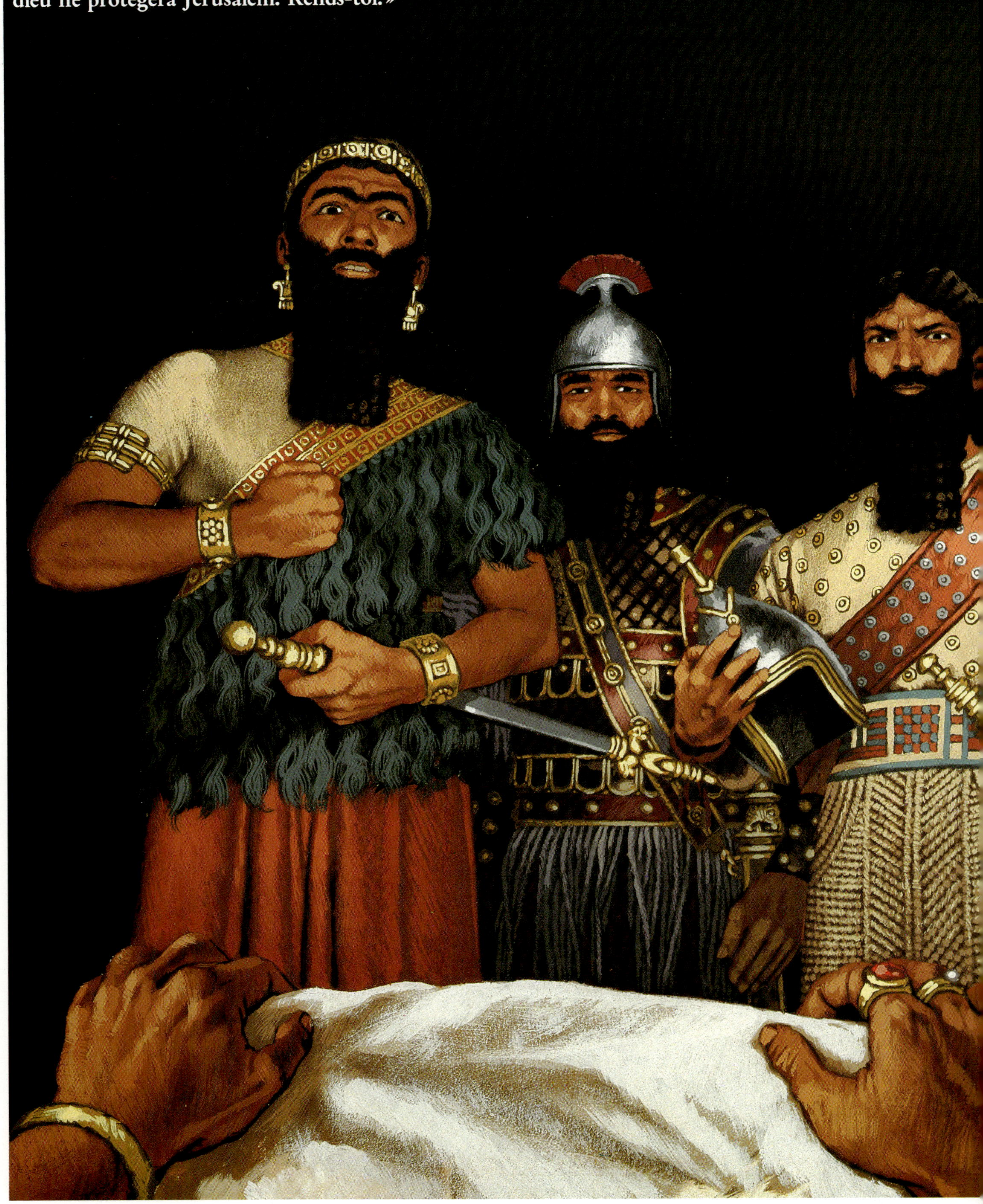

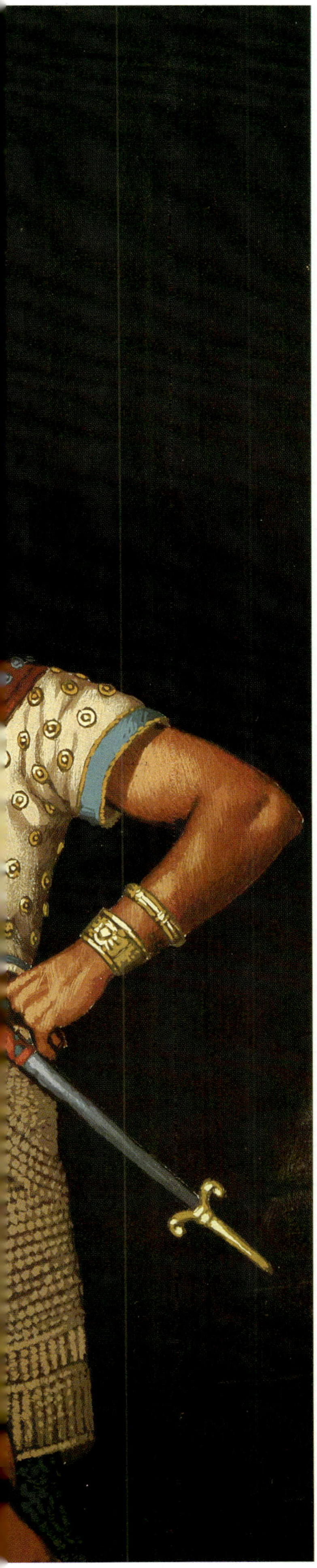

**Ezéchias prit cette lettre, retourna au temple et pria Dieu à nouveau en disant : « O Seigneur, l'Assyrie a pris de nombreuses villes et brûlé leurs dieux ; mais ces dieux n'étaient que des idoles, des faux dieux. Toi, ô Seigneur, tu es le seul vrai Dieu, le seul Dieu de toutes les villes de la Terre : c'est toi qui as créé le Ciel et la Terre ! Sauve-nous et fais éclater ta gloire face au monde entier ! »**
(2 Rois 19. 9-19, 2 Chroniques 32. 17-20 et Isaïe 37. 9-20)

*701 ou 688 av. JC*

**Parole du Seigneur — *Jérusalem, le roi d'Assyrie ne la prendra pas. Pour la gloire de mon nom, et selon ma promesse à mon serviteur David, je protégerai cette ville et je la sauverai.***
***Et le roi d'Assyrie s'enfuira, vaincu par moi.***
(2 Rois 19. 33-34 et Isaïe 37. 34-35)

**Cette nuit-là, Dieu envoya un ange frapper le camp des Assyriens. A l'aube, quand les gens de Jérusalem regardèrent les tentes de l'armée qui les assiégeait, ils ne virent plus que des cadavres et des moribonds ! Sennachérib, effaré, prit la fuite et ne s'arrêta qu'à Ninive, sa capitale !**

**Mais là, tandis qu'il entrait dans la maison de son dieu, ses propres fils l'assassinèrent...**

**Ainsi le Seigneur sauva-t-il son peuple. Il délivra Ezéchias de la menace de l'Assyrie, et il permit à Juda de vaincre ses ennemis ; puis, dans tout le pays, ce fut la paix.**

**Et bientôt, de partout, des gens convergeaient vers Jérusalem pour apporter des présents au roi Ezéchias et des offrandes au Dieu d'Israël.**

(2 Chroniques 32. 21-23, 2 Rois 19. 35-37 et Isaïe 37. 36-38)

## Les prophéties d'Isaïe s'accomplissent

Samarie tombe ; Jérusalem est menacée de mort : la promesse de Dieu en faveur de la dynastie de David ne sera-t-elle pas tenue ? (Dieu, après tout, n'existe-t-il pas plus que les dieux païens ?) A ce moment particulièrement dramatique de l'histoire du peuple élu, apparaît Isaïe. Il a confiance en Dieu, et les événements lui permettent de mieux comprendre le sens de la promesse messianique. Oui, Samarie devait tomber. Oui, Jérusalem aussi tombera (voir p. 841) ; mais cela ne signifie pas que Dieu ne tiendra pas sa promesse. Car *un reste* reviendra et, d'une manière mystérieuse, connue encore de Dieu seul, « un rameau sortira de la souche de Jessé ». Bien plus, le règne de ce Messie inaugurera une ère tout à fait nouvelle pour le monde entier (voir p. 832) : il ne s'agira pas seulement d'un règne humainement glorieux, comme ceux de David et de Salomon, mais vraiment d'un règne universel de la Paix divine, qui renouvellera complètement tous les rapports entre les hommes et Dieu, entre les hommes entre eux, et même entre les hommes et le monde matériel, symbolisé par les animaux. Voir aussi Jérémie, pp. 913 et 937 par exemple (présentation).

Cette interprétation de la promesse messianique est plus prodigieuse que tout ce que Nathan et David en avaient compris (voir p. 624 ; mais, pour les chrétiens, la réalité est bien plus stupéfiante encore : le Messie *est Dieu* lui-même fait homme). Isaïe ne donnera-t-il pas un signe, une sorte de garantie de sa fantastique prophétie ? Si, justement. Comme contrepoids à la chute de Samarie, et comme préfiguration de l'accomplissement de toutes ses promesses, Dieu permet à son prophète de prédire une chose extraordinaire qui va en effet s'accomplir du vivant même d'Isaïe, d'Ezéchias et de la plupart des contemporains de la fin du Royaume du Nord : Jérusalem ne succombera pas au mortel péril assyrien. Et de fait, contre toute attente ou espérance humaine, Jérusalem fut sauvée « miraculeusement » (voir aussi pp. 846-848).

## L'ange de Dieu : une épidémie foudroyante ?

A propos des campagnes de Sennachérib vers les frontières sud-ouest de son Empire, le voyageur et historien grec Hérodote (484-420 av. JC) raconte cette très curieuse histoire. Le pharaon — ne serait-ce pas plutôt le roi de Juda ? — était à cette époque un homme très pieux, qui comptait plus sur son dieu — serait-ce Dieu ? — que sur ses soldats. Ayant appris l'attaque du roi d'Assyrie, ce « pharaon » alla prier dans son temple, puis partit à la rencontre de son ennemi... à la tête d'une petite troupe de boutiquiers : il avait confiance « dans son dieu ». Or, la nuit, peut-être attirés par les produits des boutiquiers, des milliers de rats apparurent dans le camp assyrien, et y rongèrent toutes les cordes des arcs (bien graissées pour rester souples) et toutes les lanières (des boucliers, des harnais, etc.). Au matin, les envahisseurs, se voyant désarmés par ce « prodige », se seraient enfuis. « C'est pourquoi, conclut Hérodote, ce dieu est représenté tenant un rat dans sa main. »

En Israël, Dieu n'est *jamais* représenté — avec ou sans rat dans la main ; ce détail de l'histoire d'Hérodote paraît fantaisiste, tout comme cette ingénieuse hypothèse selon laquelle les rats auraient pu venir à bout d'une armée en une nuit en rongeant toutes ses armes.

Mais les rats peuvent amener la peste (voir pp. 524-525). Or, en 1938, un archéologue britannique fut très surpris de découvrir, au pied des murailles (en ruines) de Lachich, une fosse commune où environ 2000 corps semblaient avoir été enterrés avec précipitation : ils apparaissaient entassés comme s'ils y avaient été jetés. Et précisément la Bible aussi bien que les annales de Sennachérib racontent qu'au moment du siège de Jérusalem, les Assyriens assiégeaient aussi Lachich, qu'ils finirent d'ailleurs par prendre ; Lachich se trouve à 47 km au sud-ouest de Jérusalem, à 10 km à l'est de Gath (voir pp. 400 et 407).

Aussi est-ce une explication fréquemment avancée aujourd'hui : l'ange de Dieu frappant de nuit l'armée de Sennachérib, ce serait l'apparition de très nombreux rats et des premières victimes d'une foudroyante épidémie de peste : cela aurait entraîné la panique, puis la fuite, des assiégeants.

## La fuite et la mort de Sennachérib

Ici encore, les documents assyriens confirment le récit biblique. Lorsqu'il conquiert une ville ou une place forte, Sennachérib, comme d'ailleurs tous ses prédécesseurs et successeurs, le fait graver sur ses monuments aussi bien qu'écrire dans ses annales officielles. La prise de Lachich, rapportée par *2 Rois 18.13, Isaïe 36.1-2* et *2 Chroniques 32.1 et 9*, est effectivement commémorée par de nombreux documents du règne de Sennachérib, dont un bas-relief de Ninive où l'on voit le roi « assis sur un trône, regardant les prisonniers de Lakisu passer devant lui ».

Mais, à propos d'Ursalimmu (Jérusalem), pas une seule inscription n'affirme que la ville fut prise ; tout ce que les documents répètent à l'envi, c'est qu'Hazagiya'u de Ya'udu — Ezéchias de Juda — fut « enfermé dans Ursalimmu, sa capitale, comme un oiseau en cage ». Peut-on imaginer euphémisme à la fois plus charmant et plus limpide... pour avouer que le siège de Jérusalem ne réussit pas ? Isaïe avait donc eu raison ; et ce qu'affirme la Bible est vrai : les Assyriens ne purent jamais prendre Jérusalem.

La Bible n'a pas tort non plus d'affirmer que Sennachérib périt assassiné par son fils. La chronique babylonienne citée pp. 824-825, à propos de Salmanasar v, affirme que « Sin-akhé-ériba (Sennachérib), roi d'Assyrie, fut tué par un de ses fils lors d'une insurrection au mois de tébet (décembre 681 - janvier 680) ». Et les annales de son fils et successeur Asarhaddon précisent : « Mes frères... se révoltèrent et, pour régner à sa place, assassinèrent Sennachérib. » Mais puisque le siège (manqué) de Jérusalem date de 688 au plus tard, et que Sennachérib périt en 681 au plus tôt, il est difficile de croire ce que suggère *2 Chroniques 33. 21*, à savoir que c'est *parce que* le roi revenait de Juda « couvert de honte » (?) que certains de ses fils se révoltèrent contre lui et le poignardèrent ; d'ailleurs les Livres des Rois et d'Isaïe ne laissent rien entendre de tel : c'est sans doute une rajoute « pieuse » du chroniste — lequel, on l'a vu, est friand de symboles peu fondés historiquement.

**Mérodac-Baladan II, roi de Babylone, apprit les extraordinaires événements de Jérusalem et envoya, lui aussi, une ambassade chargée de présents au roi Ezéchias. Le roi de Juda, flatté, se réjouit beaucoup de cette démarche et décida d'éblouir ses visiteurs par son faste et ses richesses. Il leur montra ses entrepôts, ses réserves d'aromates et d'huiles parfumées, et tous ses trésors d'or et d'argent : fièrement, il leur fit découvrir tout ce qu'il possédait.**

**Isaïe vint lui demander : « Qui étaient ces gens et que voulaient-ils ? » Ezéchias lui répondit avec vanité : « Ils viennent d'un pays très lointain, de Babylone ! Et ils ont pu contempler tous mes trésors ; viens les revoir avec moi ! »**

(2 Rois 20. 12-15)

### Mérodac-Baladan II, roi de Babylone (721-703)

Notre narration, parlant des « extraordinaires événements de Jérusalem » après la « miraculeuse » délivrance de cette ville par l'ange de Dieu, laisse (volontairement) entendre que c'est bien à cause de ces événements que Mérodac-Baladan II, roi de Babylone, enverra des émissaires à Ezéchias. En fait, selon la Bible, l'occasion de cette ambassade fut la guérison du roi, d'une maladie mortelle — elle aussi « miraculeuse », grâce à Isaïe *(2 Rois 20. 1-12* et *Isaïe 39. 1)*. Mais l'ordre des chapitres bibliques indique que cette visite eut lieu après l'éloignement de la menace assyrienne. Ce qui pose une difficulté : Mérodac cesse de régner à Babylone en 703, or c'est en 701 ou en 688 que Sennachérib assiège en vain Jérusalem. Cette ambassade du roi de Babylone est-elle donc venue avant « ces événements » ?

La réponse est peut-être la suivante. En 703, battu par Sennachérib, Mérodac perd son trône mais non la vie : des documents babyloniens attestent en effet qu'il parvint à s'enfuir et à trouver refuge en Elam (l'actuelle région de Dezful et d'Ahvaz, en Iran). Il est donc possible qu'apprenant la — relative — défaite de son ennemi Sennachérib face à Jérusalem, Mérodac, que les Judéens regardent toujours comme le seul roi légitime de Babylone, envoie une ambassade auprès d'Ezéchias pour lui proposer son alliance contre l'Assyrie. C'est l'hypothèse retenue ici. Mais elle n'est pas la seule plausible : on peut aussi estimer que la Bible intervertit les deux faits, l'ambassade de Mérodac et la « fuite » de Sennachérib, pour terminer la narration du règne d'Ezéchias sur la sombre prédiction d'Isaïe concernant Juda.

Quoi qu'il en soit, Mérodac-Baladan (ou Mardouk-apla-Iddina II, « Mardouk a donné un fils ») est lui aussi devenu un personnage biblique bien connu des assyriologues : on sait même aujourd'hui que c'était un passionné... d'horticulture ! Il construisit de nombreux jardins potagers, expérimenta de nouveaux croisements de légumes, d'épices et d'arbres fruitiers, et semble même avoir « écrit » — comme le roi Salomon ? (voir p. 672) — un *Traité de culture maraîchère*.

### Vanité et repentir d'Ezéchias

D'un point de vue moral, cette anecdote concernant la vanité d'Ezéchias ne pose aucun problème ; malgré sa brièveté, elle rappelle un peu la faute de David avec Bethsabée, faute elle aussi suivie d'un repentir parfait (voir pp. 616-624). Là non plus, le pardon de Dieu ne put rien contre les « conséquences » psychologiques ou matérielles du péché — la mort du premier fils de Bethsabée, ici la ruine future de Jérusalem (voir pp. 959-964) — mais là aussi Dieu s'arrange pour que de ce mal sorte un plus grand bien : la promesse messianique de Nathan à David (p. 624) ; ici, toutes les prophéties d'Isaïe, qui ne sont pas un instant remises en cause par la chute de Jérusalem (voir p. 840 et *passim* dans ce chapitre).

Mais... la vanité d'Ezéchias est-elle donc une faute si grave qu'il doive nécessairement en résulter la fin du Royaume du Sud ? Pour l'écrivain biblique, oui. Parce que la vanité, forme atténuée de l'orgueil, c'est affirmer face à Dieu que sa force ou sa richesse vient de soi, et non de lui. Pour Ezéchias, que Dieu vient sans doute de sauver « miraculeusement » (voir ci-dessus), cet accès de vanité paraît particulièrement malvenu. Et il faut qu'Isaïe lui rappelle que c'est à Dieu et non à ses trésors, à ses murailles ou à son tunnel d'eau potable — qu'il a fort bien fait de faire creuser, évidemment (voir pp. 834-835) — que le roi de Juda doit sa victoire. Isaïe ne le rappelle pas seulement à Ezéchias, mais à travers lui à tous ses successeurs.

Ezéchias, lui, comprend instantanément la leçon ; il se repent du péché qu'il a commis et en accepte courageusement les conséquences : « La parole du Seigneur *est juste.* » Et il reconnaît même la générosité du pardon de Dieu à son égard puisqu'il va jusqu'à dire : « Et Dieu est bon pour moi. »

De nos jours, les chrétiens n'acceptent plus cette idée, si caractéristique du Livre des Rois — mais déjà désavouée par Jérémie, Ezéchiel et le chroniste — qu'une dynastie et même tout un royaume supportent les conséquences du péché d'un seul roi. (Jérusalem tombera parce que Sédécias est le mauvais roi d'un peuple de nouveau corrompu par l'idolâtrie destructrice : voir p. 962.) Mais cette leçon, inadmissible lorsqu'elle concerne des innocents, non responsables des fautes de leurs pères — voir par exemple pp. 382-384 — reste excellente lorsqu'elle s'applique aux conséquences personnelles de ses propres erreurs, même après repentir (et pardon de Dieu).

Ce qui pose un petit problème, c'est le point de vue historique. Isaïe a-t-il vraiment prédit la captivité de Babylone ? Ce texte n'a-t-il pas été rajouté après l'exil ? Scientifiquement, peut-être ne le saura-t-on jamais. Mais, pour les croyants, n'est-il pas au moins aussi facile d'admettre qu'Isaïe a bien prédit cela que d'admettre tout ce qu'il prophétise du Messie ?

**Babylone et l'Empire néobabylonien :**
voir pp. 944 et suivantes.

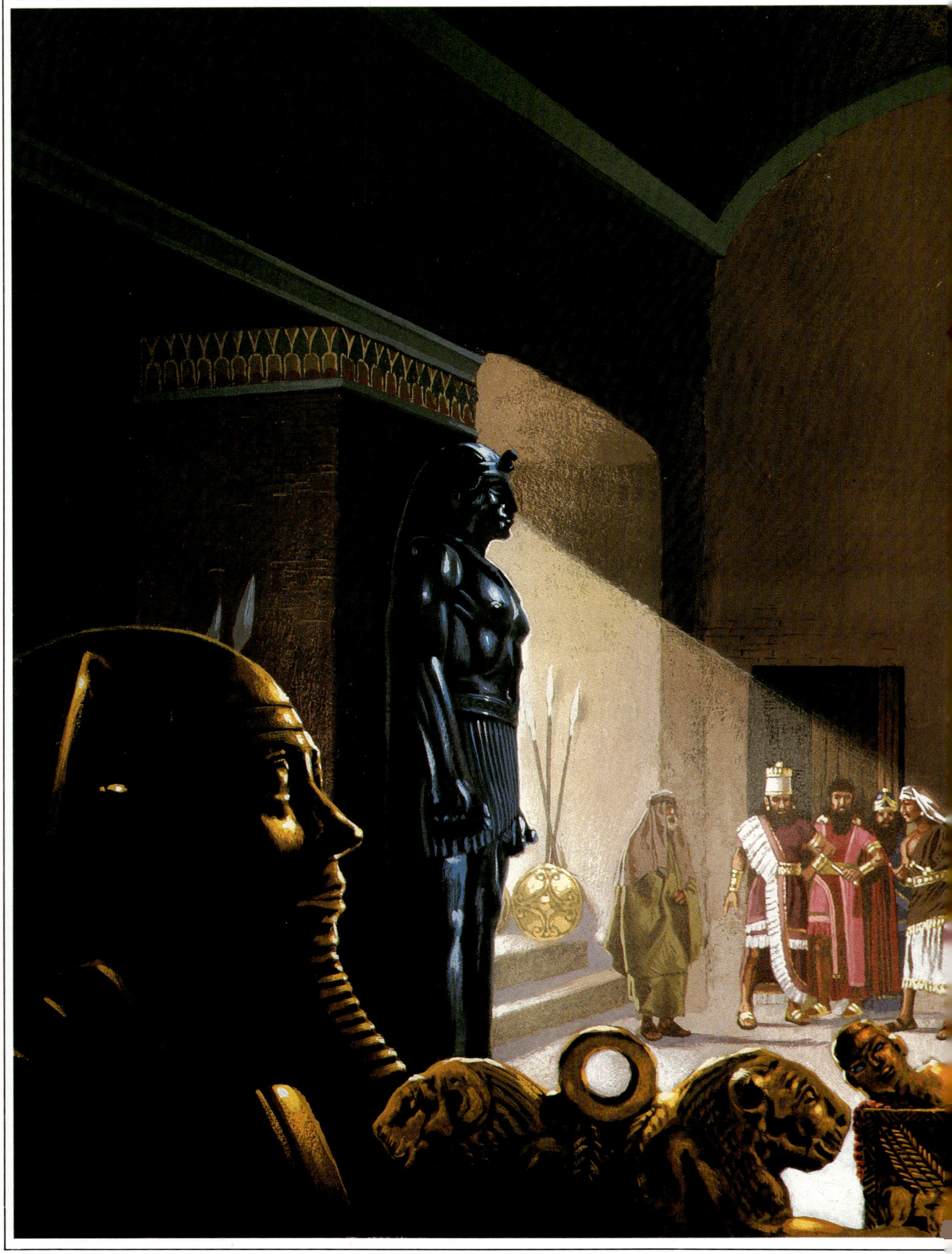

Isaïe jeta un coup d'œil aux merveilles entassées puis, avec dédain et tristesse à la fois, il dit au roi : « Tes trésors !... *Parole du seigneur — Un jour viendra où tous tes trésors seront pillés et emportés... à Babylone ! Et, dans cette même Babylone, tes descendants seront emmenés en esclavage...* »

Sidéré, le roi baissa la tête puis, au bout d'un moment, il murmura : « La parole du Seigneur est juste » ; enfin, il ajouta : « Et Dieu est bon pour moi, car je ne verrai pas moi-même ce désastre. »

La fin de la vie d'Ezéchias fut en effet glorieuse et paisible. Son règne fut le meilleur de tous ceux des rois de Juda, avant et après lui.
(2 Rois 20. 16-21 et 18. 5)

**Ezéchias mourut; son fils Manassé lui succéda. Manassé ne fit pas comme son père, mais comme son grand-père, Achaz: il fut un roi abominable, ne faisant que le mal. Il suivit le chemin des rois d'Israël: il adora les idoles et leur offrit son fils en sacrifice. Car il rebâtit les hauts lieux qu'avait démolis son père Ezéchias; il honora Baal et Astarté, il rétablit la magie et il nomma des devins et des astrologues; il servit tous les faux dieux et commit toutes les abominations qu'il put: sous le règne de Manassé, le sang innocent ruisselait à travers Jérusalem.**
(2 Rois 21. 1-17)

### «Faire passer par le feu» ou «livrer au Moloch»: la *géhenne*

L'expression rendue ici par «offrir son fils en sacrifice» se dit mot à mot dans le texte hébreu «faire passer son fils *par le feu*» (dans sa *prière*, voir ci-contre, Isaïe se lamentera devant Dieu que le temple est *souillé par le feu*: c'est-à-dire par les sacrifices d'enfants) ou encore «livrer son fils au Moloch». On a longtemps douté de cette résurgence des «abominables» cultes phéniciens et cananéens dans le petit royaume de Juda. Mais on sait aujourd'hui que l'Ecriture n'invente rien, et n'exagère même rien: la réalité découverte par les archéologues montre qu'au contraire la Bible n'ose même pas décrire toute la vérité, tant elle est horrible.

Dans Jérusalem même, sous les rois, on a sacrifié des enfants par milliers comme au *tophet* de Carthage. Il y avait des autels et des statues des dieux païens jusque dans le temple. Mais le grand lieu de sacrifice, le «Moloch», (voir p. 432) se trouvait dans le ravin de la Géhenne au sud des remparts (voir p. 935), aujourd'hui appelé *Wadi er-Rabalri.* Pour les fidèles de Dieu, «la Géhenne» devint synonyme de «lieu des abominations». Après le retour d'exil, et jusqu'à l'époque de Jésus, ce ravin souillé par tant de crimes fut maudit par les juifs: on en fit la décharge publique de Jérusalem, le «dépôt d'ordures municipal». Pour l'assainir quelque peu, un feu permanent s'y consumait — qui n'éloignait cependant ni les rats et la vermine, ni la pourriture.

D'où la comparaison du Nouveau Testament: la haine de Dieu, que nous appelons «l'Enfer», est peinte comme *la Géhenne*, c'est-à-dire un lieu d'infamie voué à la pourriture et au feu éternels (voir aussi p. 935).

### Pourquoi l'Ancien Testament condamne-t-il l'astrologie?

Essentiellement, parce que les «astrologues» adoraient les astres comme autant de divinités — le Livre des Rois et les Chroniques parlent souvent des *faux dieux* comme de «toute l'armée des cieux»: c'est-à-dire à la fois comme «étoiles» et comme dieux et déesses. Quand *nous* parlons des planètes Mars, Vénus, Jupiter, etc., c'est à peine, le plus souvent, que nous les rapprochons de leurs noms mythologiques; et nous le faisons toujours au sens figuré. Mais, il y a 2500 ans, ce n'était pas des images; et s'intéresser à l'astre que nous appelons toujours Vénus, c'était en fait aussi «honorer» (?) Aphrodite, ou Astarté, ou Ishtar (voir pp. 30-32, 408 et 808-809).

### Les prophéties du Troisième Isaïe (?)

Avec les chapitres 55-66 du Livre d'Isaïe, le décor change de nouveau: on semble de retour à Jérusalem et de nouveau... les fidèles de Dieu sont en butte aux tentations (et aux persécutions?) des païens; Juda semble redevenu un désert *spirituel* et le Temple, rebâti, paraît une fois de plus encombré d'idoles. La plupart des commentateurs datent donc d'après le retour d'exil (538 av. JC) la rédaction de ces derniers chapitres, au moins sous leur forme définitive (voir pp. 820-821).

Leur auteur a — ou leurs auteurs ont — encore enrichi et précisé la doctrine messianique du Premier et du Second Isaïe. Dieu est appelé «notre Père»; et l'on sent que l'attitude de «ses enfants» envers lui devient de plus en plus proche de celle de l'Evangile. L'espérance en une nouvelle ère *spirituelle*, sans doute à cause du retour en Terre promise (ou malgré lui? voir pp. 1062-1063), apparaît plus vif, plus ferme et plus profond que jamais.

**Les sacrifices d'enfants**: voir p. 432 et p. 935.

Lire page 848:
**Manassé, roi de Juda (687-642 av. JC)**

Prière. *Pourquoi, ô Seigneur, nous permets-tu de nous égarer loin de ton chemin, et d'endurcir nos cœurs contre ta Loi ? Pour l'amour de ton peuple, reviens !*

*Ah, si tu déchirais les cieux ! Si tu descendais du ciel !*
*Les montagnes trembleraient : les peuples seraient bouleversés ; tous te reconnaîtraient !*
*Les faux dieux ne peuvent rien, mais toi tu peux tout !*

*O Seigneur, tu es notre Père ! C'est toi qui, de la terre, nous as faits ; nous sommes ton ouvrage ; nous sommes ton peuple : regarde-nous ! Jérusalem est un désert... et le temple où nos pères chantaient devant toi est souillé par le feu ! O Seigneur, resteras-tu à ne rien faire ?*

*Parole du Seigneur* — Je ferai sortir de Jacob une descendance : un héritier surgira de Juda.

Les misères du passé seront oubliées, je ne les regarderai plus.

*En effet, voici que je vais créer des Cieux nouveaux et une Terre nouvelle pour effacer des cœurs tout souvenir des misères passées !*

*Au contraire, ce que je vais créer, c'est la joie et la jubilation éternelles !*

(Isaïe 63. 17-19, 64 et 65. 1-18)

Manassé fut attaqué, battu et fait prisonnier par les Assyriens. Alors il s'humilia devant Dieu, qui lui pardonna et lui rendit son trône. Il fit le bien et il mourut en paix. Son fils Amon lui succéda. Il fit bien plus de mal encore que son père n'en avait jamais fait avant sa conversion et, après deux ans de règne, il fut poignardé dans son palais. Son fils Josias lui succéda.

Josias suivit exactement le chemin de David, son ancêtre; Dieu marchait avec lui et il réussissait dans tout ce qu'il entreprenait. La dix-huitième année de son règne, Josias dit au grand prêtre, Hilcias: « Voici de l'argent: va faire réparer le temple. »

Hilcias y alla. Pendant les travaux, on découvrit un très vieux rouleau: c'était le Livre de la Loi.

Hilcias le donna au roi.

Josias fut bouleversé en le lisant, car il comprit qu'à Jérusalem même la Loi était mal observée parce qu'elle était mal connue. Il fit pénitence, pria Dieu et demanda conseil à ses prophètes.

Puis il fit venir à Jérusalem tous les anciens de Juda. Il les réunit dans le temple et il leur lut solennellement la Loi. Très émus, les anciens et tout le peuple renouvelèrent leur alliance avec Dieu. Alors le roi fit détruire tous les hauts lieux et brûler toutes les idoles; il fit exécuter leurs prêtres; il réforma le culte.

Enfin, pendant sept jours de fêtes éclatantes pour tout le peuple, il fit célébrer la Pâque, en mémoire de la libération d'Egypte des fils d'Israël et pour la gloire de Dieu.

(2 Chroniques 33-35. 1-17)

**Ainsi fut célébrée la Pâque du roi Josias, la dix-huitième année de son règne. On n'en avait plus célébré de pareille en Israël depuis le temps du prophète Samuel, et aucun roi de Juda ni d'Israël avant ni après le règne de Josias n'en célébra de pareille.**

**Pour cette fête de la Pâque, il vint à Jérusalem des fils d'Israël de tout le pays et même d'au-delà des frontières.**

(2 Chroniques 35. 17-19)

### Josias, roi de Juda (640-609 av. JC) et la réforme deutéronomiste

*Josias*, « Dieu [me] guérit », rendit à nouveau Juda indépendant de l'Assyrie, et put opérer sans danger politique les immenses réformes religieuses qu'il avait décidé d'accomplir suite à ce nouveau « miracle » que constitua la découverte du « Livre de la Loi ». Celui-ci est sans doute l'essentiel du Deutéronome actuel, qui paraît être originaire du Royaume du Nord — donc antérieur à 722. Il aurait été amené à Jérusalem après la prise de Samarie... où il aurait été oublié, puis redécouvert, dans un vieux placard du Temple. Certains critiques estiment que la reconquête de l'indépendance et les réformes de Josias n'ont pu se faire qu'à l'occasion de la mort d'Assurbanipal, en 626, et du chaos qui s'ensuivit dans tout l'Empire assyrien (voir p. 835).

La Bible dit tout le bien qu'elle peut de Josias. Avons-nous d'autres raisons de croire qu'effectivement il fut un bon roi ? Depuis quelques années, oui ; un minuscule détail le confirme de manière touchante. Il s'agit d'une requête adressée par un ouvrier à un juge, nommé par Josias. Le texte dit ceci :

*Monsieur l'officier, veuillez bien m'écouter. Je suis moissonneur. J'étais à Haçor-Asam ; j'avais moissonné, et j'avais fini, et je me dépêchais d'engranger avant le sabbat. C'est alors, Monsieur l'officier, comme j'avais fini de moissonner et que j'étais justement déjà en train d'engranger, qu'Osayas fils de Sabay survint tout à coup et s'empara de mon manteau. Cela fait déjà plusieurs jours qu'il m'a volé mon manteau, et tout le monde l'a vu, et vous le dira, Monsieur l'officier, parce qu'il y avait d'autres moissonneurs qui avaient moissonné avec moi malgré la chaleur du soleil ; ils vous le diront. Tandis que moi, Monsieur l'officier, je ne lui avais rien fait, rien du tout !*

*Monsieur l'officier, faites-moi rendre mon manteau, et si ce n'est pas à vous que je dois m'adresser pour qu'on me rende mon manteau, dites-le à celui qu'il faut et je sais bien et je vous remercie que vous ferez quelque chose pour moi.*

Cette simple lettre, écrite par un scribe sous la dictée du moissonneur volé, témoigne délicieusement de la confiance qu'avaient alors les petites gens de Juda dans la justice de leur « bon roi Josias ». D'ailleurs, selon *2 Chroniques 35. 13*, lorsque Josias fit célébrer la grande Pâque de 622, tout le pays fut invité aux réjouissances, et les prêtres « couraient apporter les viandes et les autres plats sacrés à tous les gens du peuple, dans des pots, des marmites et des casseroles ». Même les chantres et les portiers purent festoyer aux frais du roi pendant leur service, car « les lévites leurs frères leur apportaient tout ce qu'il fallait, déjà préparé » *(35. 15)*.

### Le temps du prophète Samuel :

XIe siècle av. JC, environ 500 ans avant Josias.

### Le triomphe de Juda

On a vu, pp. 840-843, le triomphe *temporel* de Juda avec le règne prospère et glorieux d'Ezéchias, par ailleurs très pieux, et la stupéfiante victoire de l'ange de Dieu sur les Assyriens. Mais un triomphe temporel est par nature... temporaire, éphémère ; à Ezéchias lui-même, Isaïe lance cet avertissement : toute cette richesse sera perdue.

Le long règne de Josias voit l'accomplissement d'une autre des prédictions d'Isaïe : Ninive est détruite. L'Empire assyrien est frappé à mort en 612. Mais surtout la grande Pâque de 622 marque le triomphe *spirituel* de Juda, car elle accompagne un puissant réveil de la foi en Dieu et de l'obéissance à sa Loi. L'échec de Sennachérib devant Jérusalem préfigurait la chute de Ninive.

La prospérité matérielle et la piété sincère d'Ezéchias (voir *2 Chroniques 29. 31*) annoncent la réforme de Josias et d'*Hilcias* (« Dieu [est mon] héritage ») — qui elle-même apparaît sans doute pour les juifs fervents de l'époque, comme pour les chrétiens convaincus d'aujourd'hui, la garantie qu'en leur temps s'accompliront toutes les autres prophéties d'Isaïe.

### Manassé, roi de Juda (687-642 av. JC)

voir p. 844.

Apparemment pour avoir la paix, et peut-être pour jouir de la protection du roi d'Assyrie, Manassé (pour ce nom, voir p. 182) accepte de lui payer tribut et de se reconnaître son vassal. Des documents assyriens datant des règnes d'Asarhaddon et d'Assurbanipal indiquent en effet que Manassé de Ya'udu (Manassé de Juda) envoyait régulièrement les bois, les pierres, les métaux et les diverses marchandises réclamées par les rois d'Assyrie pour leurs constructions en Mésopotamie.

Peut-être est-ce aussi par calcul politique que Manassé favorisa les cultes étrangers ; il semble en tout cas avoir persécuté les fidèles de Dieu avec férocité. A travers la phrase que nous avons traduite « le sang innocent ruisselait à travers Jérusalem », beaucoup voient un euphémisme pour dire : « Manassé fit massacrer tous les prophètes et les partisans avoués de Yahvé » ; c'est sous son règne, très long il est vrai, que « disparaît » Isaïe (voir pp. 820-821).

Selon les Chroniques, vers la fin de sa vie, Manassé se convertit après avoir été emmené captif par le roi d'Assyrie, et avoir réussi à retrouver son trône grâce à une mystérieuse intervention divine. On pense qu'il aura comploté contre l'Assyrie, qu'Assurbanipal le fit comparaître devant lui (en 666 av. JC), mais qu'il réussit à se justifier ; on ignore tout des motifs de sa conversion, d'apparence invraisemblable et par ailleurs inconnue du Livre des Rois.

# Tobie

La belle histoire de Tobie est censée se dérouler dans l'Empire assyrien
peu de temps après la déportation en ce pays
des Israélites du Royaume du Nord.
De ce point de vue, le « triomphe » de Tobith, Sara et Tobie
forme lui aussi un contrepoids à la chute de Samarie ;
d'ailleurs, l'épilogue de cette histoire présente aussi, symétriquement,
la chute de Ninive, capitale de l'Assyrie.
Mais l'intérêt premier de cette histoire, qui est sans doute un roman,
paraît être ailleurs.
Elle semble avoir été écrite par un Judéen, bien après le retour d'exil,
et donc décrire la vie réelle et la mentalité
des communautés juives disséminées
à travers les débris de l'Empire perse ou de l'Empire d'Alexandre.
Cependant, il apparaît que le Livre de Tobie a été inclus
dans la Bible catholique d'abord pour sa portée religieuse.
L'image de Dieu qui s'en dégage
est particulièrement « humaine » et « sympathique » ;
et les conseils moraux prodigués à foison,
s'ils ont un peu vieilli dans leur forme,
gardent leur valeur et se rapprochent de l'esprit de l'Evangile.

«Je m'appelle Tobith. Je suis de la tribu de Nephtali. Quand j'étais jeune, dans mon pays, en Israël, je ne craignais pas les idoles installées par Jéroboam et les rois impies qui lui ont succédé; lors des fêtes, je montais à Jérusalem pour prier Dieu, j'y faisais les sacrifices prescrits par la Loi. En toutes choses, j'ai fait ce qui est bien aux yeux du Seigneur: j'ai toujours craint Dieu seul, et toujours été généreux pour mes frères. Et j'ai épousé une de nos sœurs, une fille d'Abraham: elle m'a donné un fils, Tobie.

« Nous avons été déportés en Assyrie. J'ai continué à croire en Dieu. J'ai prié. Il m'a aidé. Je suis devenu ministre de Salmanasar V ; c'est pour le ravitailler en diverses marchandises que j'ai voyagé dans tout l'Empire assyrien, jusqu'en Médie. Là, un jour, j'ai prêté 350 kg d'argent à Gabaël, un autre fils d'Israël en exil qui avait réussi dans ce pays. Mais Salmanasar mourut ; les routes de Médie devinrent peu sûres, et jamais je ne pus recouvrer cet argent. Ma fortune a connu des hauts et des bas. Mais j'ai toujours mis ma confiance en Dieu seul.

« Une année, Sennachérib revint de ses campagnes furieux : il avait été tenu en échec face à Jérusalem ! Il se vengea en massacrant plusieurs de mes frères à Ninive ; il fit jeter leurs corps au-delà des remparts et ordonna qu'on les y laisse pourrir. Pieux, j'y suis allé quand même, et je les ai tous enterrés. Le roi l'apprit et je dus m'enfuir. Mais, quarante jours après, Sennachérib fut tué par ses propres enfants.

« Asarhaddon, qui lui succéda, me rendit ma maison. Une nuit qu'il faisait très chaud, je me reposais dans ma cour la tête contre le mur ; des crottes d'hirondelle me tombèrent dans les yeux et je suis devenu aveugle. Mais je n'ai pas perdu ma foi ; j'ai prié Dieu, une fois encore. »

La nuit même où Tobith devint aveugle, à Ninive, une jeune Israélite qui vivait à Ecbatane, en Médie, fut insultée par sa servante : « Tueuse de maris ! Voilà déjà sept hommes à qui tu as été donnée en mariage, et chaque fois, le lendemain matin, on les a retrouvés morts dans ton lit ! Puisses-tu crever toi-même — et sans enfants ! » Sara, la jeune Israélite, avait en effet déjà été sept fois accordée en mariage et sept fois, la nuit même de leurs noces, le démon Asmodée avait tué son mari.

Cette nuit-là, Sara, elle aussi, se tourna vers Dieu et le pria jusqu'au matin.

(Tobie 1-3. 15)

**La déportation en Assyrie des gens du Royaume du Nord :** Nephtali est une des douze tribus du Nord, d'Israël : voir pp. 826-829.

**« Ma sœur, mon frère » ; « Fils, fille d'Abraham » :** expressions juives pour désigner d'autres juifs.

**Tobith, ministre de Salmanasar v d'Assyrie :** voir pp. 169-179. L'histoire de Tobith est probablement plus romancée ou légendaire encore que celle de Joseph (voir ci-dessous).

**La Médie, ou le pays des Mèdes :** région autour d'Ecbatane, aujourd'hui Hamadan, à 300 km à l'ouest de Téhéran (voir pp. 854-856 et 864).

**L'échec de Sennachérib face à Jérusalem :** voir pp. 834-840.

**Quarante jours :** durée symbolique du temps humain : voir p. 314. Historiquement, il semble s'être passé huit ans au moins entre l'échec de Sennachérib face à Jérusalem et sa mort (voir p. 840).

**Ninive :** voir pp. 716-717.

**Les sept maris tués :** voir p. 860.

**Le nom de Sara (Sarra ou Sarah) :** voir pp. 92-93.

**Asmodée**

En 1938, François Mauriac (1885-1970) faisait jouer un drame au titre surprenant : *Asmodée*. Il s'agit d'un démon qui soulève le toit des maisons pour voir ce qui s'y passe en secret. Cet Asmodée vient d'un roman d'Alain René Lesage (1668-1747), intitulé *Le Diable boiteux* (1707), amplifiant lui-même une nouvelle de Luis Vélez de Guevara (1599-1644). Voir p. 859.

**A l'instant même où ils le suppliaient, Dieu entendit la prière de Tobith et de Sara, et il leur envoya son ange.**

**Au matin, Tobith se souvint de l'argent qu'il avait prêté à Gabaël. Il appela son fils et lui dit: «Tobie, je suis vieux et aveugle; je vais mourir bientôt. Aime ta mère, fais toujours le bien, et Dieu t'aidera comme il m'a aidé. Maintenant, choisis-toi un compagnon de route sûr et pars avec lui à Ragès, en Médie; là, tu demanderas Gabaël; tu lui montreras ce reçu, et il te rendra tout cet argent, que je lui ai prêté jadis. Voilà. Tu es riche. Bonne route. Dieu te bénisse!»**

### Tobith et Tobie

Les deux principaux personnages de cette histoire portent en fait le même nom, *Tobya*, qui veut dire: «Dieu [est] bon». C'est par commodité qu'on transcrit généralement leur nom de manière à les distinguer, soit Tobith et Tobie (le *th* ou *t* final étant justifié depuis dix-sept siècles par la traduction grecque dite «des Septante»), Tobie et Tobias (qui rappelle plus l'original hébreu), soit encore Tobie (le vieux) et Tobie le jeune.

### Le Livre de Tobie: un «roman édifiant» des IVe-IIe siècles av. JC

Les protestants n'incluent pas le Livre de Tobie dans la Bible parce qu'il ne fait pas partie du *canon* (ensemble des textes faisant loi) hébreu; ils l'appellent donc *apocryphe*, «caché, écarté» parce qu'ils doutent de son inspiration divine et de son ancienneté, tandis qu'orthodoxes et catholiques le classent, avec quelques autres textes, grecs ou tardifs, dans un «second canon» ou «canon secondaire», et l'appellent donc *deutérocanonique*.

Depuis les découvertes des manuscrits de la mer Morte à partir de 1949, au cours desquelles on a trouvé quatre versions de ce Livre, deux en hébreu et deux en araméen, on estime généralement qu'il est plus ancien qu'on ne l'avait cru depuis la Renaissance et la Réforme. Il semble aujourd'hui avoir été écrit en hébreu ou en araméen, entre l'an 400 et l'an 200 av. JC, probablement au IIIe siècle. En outre, il s'avère maintenant que son auteur connaissait bien le milieu juif «de la *diaspora*», c'est-à-dire installé hors de la Palestine, en particulier celui de la Babylonie et de ses pays voisins: l'étymologie d'Asmodée, la présence d'un chien domestique en sont quelques indices parmi d'autres. Enfin, puisqu'on en a retrouvé plusieurs manuscrits au bord de la mer Morte, il apparaît que ce livre était (également) apprécié des juifs de Palestine, et même des «moines» esséniens puisque ces manuscrits faisaient partie de leur bibliothèque. (Les Esséniens sont des juifs pieux qui, du IIe siècle av. JC au Ier siècle ap. JC, vivaient une vie «contemplative» dans des communautés qui rappellent celles des monastères chrétiens.)

Aujourd'hui, l'immense majorité des spécialistes estime que le Livre de Tobie, comme les premiers chapitres de la Genèse, Job, Ruth et Jonas, n'est pas historique. Il fourmille en effet, tout comme ces autres récits, d'éléments merveilleux, symboliques ou pittoresques, dont il semble maintenant qu'une de leurs raisons d'être était d'avertir le lecteur qu'il s'agissait bien d'une fiction. Il s'agit apparemment d'un «roman édifiant» inventé pour illustrer plusieurs importants messages religieux et moraux (voir p. 864). La présente traduction simplifie le récit, et surtout en condense les innombrables prières et discours; ceux-ci sont effectivement du genre édifiant, souvent beaux, parfois un peu longs pour notre goût actuel.

Tobie embrassa son père et sa mère et sortit; sur le seuil il croisa un jeune homme qu'il ne connaissait pas et lui demanda: «D'où viens-tu, mon ami?» Le jeune homme répondit: «Je m'appelle Azarias; je suis un de tes frères, et je suis venu à Ninive chercher du travail.» Tobie lui dit: «Connaîtrais-tu, par hasard, la route de Médie?» — «Oui, répondit Azarias, je connais parfaitement toutes les routes de ce pays car j'y suis déjà allé plusieurs fois; j'y loge chez Gabaël, à Ragès; c'est un de nos frères.»

Tobie lui dit: «Je t'engage pour un bon salaire. Conduis-nous à Ragès.»

(Tobie 3. 16-17, 4 et 5)

**Azarias:** ce nom, fréquent dans l'Ancien Testament, signifie «Dieu aide». (voir p. 864).

Tobie siffla son chien et ils se mirent en route pour le pays des Mèdes. Le soir, tandis qu'ils campaient le long du Tigre, Tobie descendit au bord de l'eau pour s'y rafraîchir les pieds; un gros poisson sauta sur lui; Azarias cria: «Attrape-le!» Tobie l'attrapa.

Azarias lui dit alors: «Nettoie ce poisson; fais-en griller une partie, que nous mangerons ce soir, et saler le reste: nous le mangerons en route. Mais conserves-en précieusement le cœur et le fiel. Je t'expliquerai pourquoi plus tard.» Tobie lui fit confiance, et suivit son conseil.

Ils marchèrent ensemble des jours et des jours. Et ils arrivèrent en Médie. Alors, Azarias dit à Tobie: «Mon frère, avant d'aller à Ragès, allons à Ecbatane, chez Raguel. Lui aussi est un de nos frères.» — «Mais, pourquoi donc?» demanda Tobie. Azarias lui répondit: «Tu es son parent le plus proche et c'est un homme juste. Or il n'a qu'une fille, Sara, qui est intelligente, courageuse et jolie. C'est à toi qu'il revient de l'épouser, selon la loi de Moïse.»

«Oui, dit Tobie, j'ai entendu parler d'elle. Mais on raconte qu'elle a déjà été mariée sept fois et que, chaque nuit de noces, son mari mourait mystérieusement.»

**Le chien de Tobie**

Ce chien de Tobie, dont on ne donne pas le nom, ne joue rigoureusement aucun rôle dans le récit. Il semble que sa seule raison d'y être soit culturelle. Chez plusieurs peuples sémites, dont les Hébreux, le chien est méprisé; «chien» y est d'ailleurs une injure forte. Tandis que chez pas mal de peuples indo-européens, ou marqués de nettes influences indo-européennes, comme dans les pays hittite, mède ou perse (ou chez les Grecs), le chien est considéré comme un animal utile, fidèle et «noble»: comme «le meilleur ami de l'homme».

Soit l'auteur, sans guère y prêter attention, aura créé ce chien parce qu'il n'imaginait pas de faire partir deux jeunes voyageurs sans un tel compagnon (auquel cas cet auteur provient lui-même de la diaspora juive hors de Palestine); soit c'est au contraire tout à fait consciemment qu'il flanque ses héros de cet animal, parce qu'il ajoute la couleur locale perse (à l'époque de la rédaction du Livre de Tobie, les Empires sémites sont morts, remplacés par l'Empire perse achéménide ou déjà l'Empire «grec» séleucide), et dans ce cas cet auteur montre par là qu'il connaît bien ces pays dont il parle, tout en vivant peut-être en Palestine.

**Ecbatane, capitale de la Médie**

Ecbatane, aujourd'hui Hamadan, semble avoir été la capitale des Mèdes de 620 à 555 av. JC, lors de sa prise par Cyrus II le Grand (558-529 av. JC); à partir de cette date elle devient l'une des quatre capitales de l'Empire perse, les trois autres étant Suse, Babylone et Persépolis. Voir aussi p. 1032.

Ecbatane est célèbre pour la puissance de ses remparts, l'élégance de ses constructions officielles, couvertes d'or ou de bois rares, et de sa richesse. Selon Hérodote, elle était protégée par sept murs d'enceinte concentriques, aux créneaux blancs (rempart extérieur), puis noirs, pourpres, bleus, vermillon, argent et enfin or, pour les murailles du «donjon» de la ville, abritant ses trésors. La ville fut prise, pillée et détruite plusieurs fois...

A vol d'oiseau, Ecbatane (Hamadan) n'est éloignée que de 520 km de Ninive (Mossoul). Mais les routes, de montagne, sont beaucoup plus longues, et elles sont dangereuses à cause des pillards. Un moyen plus sûr, mais plus lent, est de longer les fleuves et rivières: c'est ce que font, apparemment, Azarias et Tobie. Si cette route s'étend sur 1000 km et qu'avec leurs ânes ou leurs mulets Azarias et Tobie progressent d'une moyenne de 20 km par jour, ils mettront 50 jours pour arriver à Ecbatane (voir pp. 858-859).

**Raguel**: en hébreu, c'est le même nom que Réguel, un des noms de Jethro, le beau-père de Moïse (voir p. 240).

«C'est vrai, mon frère, reprit Azarias; mais c'est justement parce que Dieu te la réservait. Quand tu seras dans la chambre nuptiale, fais-y brûler le cœur du poisson que je t'ai dit de garder: cela chassera le démon. Puis, invoque Dieu, et tout se passera très bien. Et elle te donnera beaucoup d'enfants.»

Tobie lui fit encore confiance et déjà, dans son cœur, il aimait Sara. C'est ainsi qu'ils arrivèrent chez Raguel, qui les reçut comme des frères. (Tobie 6 et 7. 1)

Raguel leur fit prendre un bain et leur prépara un festin. Alors qu'ils se mettaient tous à table, Tobie dit à son compagnon: «Azarias, mon frère, demande à Raguel de m'accorder en mariage sa fille Sara, ma sœur, parce que je suis son plus proche parent, le fils de son frère Tobith.»

Raguel faillit s'étrangler de joie en entendant ces mots, mais il dit à Tobie: «Le fils de Tobith! Et tu veux épouser ma fille! Tu me combles de bonheur! Mais je dois t'avertir: Sara a déjà été fiancée sept fois, et ses sept maris sont morts durant la nuit de noces; cependant, peut-être Dieu interviendra-t-il pour toi! Nous verrons cela, mon frère; en attendant, mange et bois.»

«Non, dit Tobie, je ne mangerai ni ne boirai rien tant que tu ne m'auras pas accordé la main de ma sœur Sara.»

«Eh bien, répondit Raguel, puisque selon la Loi c'est en effet à toi qu'elle revient, c'est que Dieu veut votre union; levez-vous, mes enfants, et donnez-vous la main: je vous déclare mari et femme. Que Dieu vous bénisse.»

Après le festin, Tobie et Sara se retirèrent dans la chambre que Raguel venait de faire apprêter pour eux. Tobie fit brûler le cœur du poisson — et à l'instant le démon Asmodée s'enfuit de Sara — puis il s'approcha de sa femme et lui dit: «Ma sœur, remercions Dieu de tout ce qu'il a fait pour nous et demandons-lui de nous accorder le bonheur toute notre vie.» Elle répondit: «Amen». Et ils s'unirent, pleins d'amour et de tendresse.
(Tobie 7. 2-17 et 8. 1-9)

Cependant, au milieu de la nuit, Raguel envoya une servante s'assurer que le mari de sa fille n'était pas mort, comme les précédents. Elle entrouvrit la porte, et vit Tobie et Sara qui dormaient paisiblement; elle revint rassurer son maître. Alors Raguel et sa femme remercièrent Dieu de tout leur cœur.
(Tobie 8. 10-18)

**Le mariage selon la Loi**:
voir ci-dessus, et l'épisode de Ruth, en particulier les pp. 494-504.

**Le cœur du poisson: magie ou symbole?**

Le lecteur attentif de tous les livres bibliques présentés jusqu'ici connaît la réponse; seul un lecteur peu familier de la Bible pourrait avoir l'illusion que l'auteur a voulu montrer une recette magique contre la maladie des femmes dont le mari meurt lors de la nuit de noces. Il se peut très bien, par ailleurs, qu'en effet en Mésopotamie et en Médie le poisson ait joué — *dans les coutumes locales* — un rôle guérisseur important, magique... ou médical; selon de très vieilles légendes de ces régions précisément, le pays aurait été civilisé par un homme-poisson, Oannès. L'écrivain a pu partir de n'importe quel matériau culturel. Mais il n'a voulu montrer qu'une image: l'image de la confiance que Tobie accorde à son «frère», et de sa piété vis-à-vis de Dieu.

Certains ont cru y voir une préfiguration du poisson symbole du Christ (à cause des lettres initiales, en grec, des mots *I*èsous *Ch*ristos, *Th*éou *U*ios, *S*ôtêr, «Jésus-Christ, Fils de Dieu, Sauveur» soit *Ichthus*, c'est-à-dire «poisson»). Rien ne semble s'y opposer, mais rien n'indique non plus, ni que l'auteur ait voulu cela, ni même — et surtout — que cette interprétation enrichisse notre compréhension de la belle histoire de Tobie. Il n'est pas nécessaire de voir dans ce poisson un symbole du Messie pour comprendre ce qu'il est certainement d'abord: un signe de foi (p. 331; voir aussi pp. 860-861).

Le lendemain matin, Raguel dit à Tobie: «Mon fils, ta jeune épouse est encore sous le choc de tout ce qui lui est arrivé. Ne pars pas tout de suite. Accepte mon invitation à fêter vos noces, ici, pendant deux fois sept jours; regarde: je viens de faire préparer en votre honneur deux bœufs et quatre béliers!»

Tobie dit à son compagnon: «Azarias, mon frère, prends ces chameaux et pars chez Gabaël. Voici le reçu de mon père; demande-lui de l'honorer... et invite-le à ces banquets qui commencent! Car je ne veux pas faire attendre mes parents à Ninive, et Raguel me supplie de rester ici.»

Azarias les quitta et parvint à Ragès. Aussitôt, ravi d'avoir enfin des nouvelles de Tobith, Gabaël lui remit les sacs d'argent; et sans attendre ils se remirent en route pour Ecbatane. Ils y arrivèrent au milieu des festins. Tobie se leva d'un bond et salua Gabaël; celui-ci lui dit: «Tobie, excellent fils d'un excellent père! Dieu vous bénisse, toi, ta femme et tous ceux que vous aimez; et qu'il soit remercié de m'avoir permis de voir le fils de mon frère Tobith!»
(Tobie 8. 19-21 et 9. 1-6)

### Asmodée, le démon de l'amour impur

L'*Avesta*, recueil des textes sacrés du zoroastrisme, permet de comprendre l'origine et le sens d'Asmodée. Dans l'*Avesta*, Achma est le démon du désir sexuel. Asmodée, en hébreu *Achmédaï*, provient d'*Achma-daï(va)*, «le démon Achma». (voir p. 1059).

Quel est alors le sens d'Asmodée dans Tobie? Le contexte l'explique clairement: les sept premiers maris de Sara meurent au moment où ils s'apprêtent à s'unir à elle parce que cette union sexuelle est — aux yeux de l'auteur, naturellement — illicite. Et pourquoi est-elle illicite? Le texte le montre tout aussi clairement: parce que, premièrement, aucun de ces sept premiers maris n'est celui qui, selon la Loi de Moïse, devrait épouser Sara (voir pp. 856-857); et deuxièmement parce que, contrairement à Tobie, ils semblent avoir voulu s'unir à elle par pure passion charnelle, sans qu'il y entre aucune parcelle d'amour, humain ou divin (voir pp. 856-857).

### Ragès, l'actuelle Téhéran

Les ruines de Ragès, ou Rhagae, s'étendent à 8 km au sud-est de l'actuelle Téhéran, capitale de l'Iran. Ces ruines attestent l'existence d'une ville importante dès l'époque assyrienne où est censée se dérouler l'histoire de Tobie; elle appartient alors à la région est de la Médie.

C'est à Ragès que serait né, au VIIe siècle av. JC, Zoroastre (ou Zarathoustra), le réformateur de l'ancienne religion iranienne qui, à partir de lui, est aussi appelée zoroastrisme. Il est possible que l'auteur biblique ait songé à cela en y faisant habiter Gabaël.

D'Ecbatane à Ragès, soit d'Hamadan à Téhéran, il y a 300 km. Il est difficile d'imaginer qu'Azarias ait pu faire deux fois cette distance à dos de chameau en moins de 14 jours; c'est possible mais difficile à croire. Encore un indice donné par l'auteur pour que son récit n'apparaisse *pas* comme historique? (Voir aussi le pittoresque verset *8. 3*).

**Gabaël** signifie «Dieu [est] le très-haut».

A Ninive, Tobith et sa femme étaient désespérés de ne pas voir revenir leur fils. Chaque jour, sa mère sortait et allait surveiller le chemin par lequel Tobie était parti; elle ne rentrait qu'après le coucher du soleil, et elle sanglotait toute la nuit.

A Ecbatane, le soir du quatorzième jour des noces de Sara, Tobie dit à Raguel: «Maintenant, mon père, laisse-nous partir, je t'en prie.»

Raguel lui répondit: «Oui, mon fils, pars dès aujourd'hui rassurer Tobith. Tobie! Tu es maintenant mon enfant, comme Sara; prends la moitié de tout ce que j'ai, et ramène-le chez toi: c'est à toi!»

Tobie et Sara embrassèrent Raguel et sa femme tandis qu'Azarias organisait la caravane, et ils se mirent en route, follement heureux et bénissant le Seigneur.

## Les sept maris foudroyés lors de leur nuit de noces

(voir p. 851).

Voici encore un élément «abracadabrant» dans l'histoire de Tobie. D'un point de vue scientifique, cette septuple mort subite est incompréhensible — à moins que Sara ou quelqu'un d'autre n'étrangle ou n'empoisonne son mari; ce que le texte ne suggère en rien. Et ce n'est certainement pas Dieu qui va faire, sept fois, un «miracle» aussi ridiculement cruel qu'injustifié (la Loi de Moïse elle-même ne prévoit que des punitions *financières* pour *les femmes* qui se marieraient hors de leur tribu, voir *Nombres 36*).

D'ailleurs, d'un point de vue littéraire, la sécheresse de cœur impitoyable manifestée par l'auteur vis-à-vis de ces sept maris — jamais nommés, jamais individualisés, vraiment présentés comme «sept incidents identiques» — détonne au milieu des effusions multipliées partout ailleurs. La réponse est sans doute que, dans son esprit, pas un seul lecteur n'ira jamais tenir pour historique cet épisode *volontairement* présenté comme une fantaisie allégorique (ainsi que tout le reste, à notre avis): il s'agit seulement de montrer que Dieu avait fait Sara pour Tobie, de toute éternité, et qu'aucun obstacle humain ne saurait l'empêcher d'accomplir son projet.

## Le fiel du poisson

Le fiel du poisson joue ici exactement le même rôle symbolique (de la foi de Tobie) que son cœur naguère brûlé (voir pp. 856-857). On pourrait dire: «Mais ce miracle n'annonce-t-il pas les nombreuses guérisons des yeux faites par Jésus?» Non. Dans les Evangiles, lorsque le Christ «ouvre les yeux» d'un aveugle, c'est le signe qu'en même temps il lui *ouvre l'esprit* à son pardon, à son action, à sa vie divine (voir par exemple *Luc 5. 17-25* et *18. 35-43*). L'aveuglement des yeux est le signe de l'aveuglement de l'âme, le péché.

Il n'y a rien de tel ici. La blessure aux yeux de Tobith est au contraire présentée comme une «épreuve» envoyée par Dieu à un homme juste, en vue d'en faire sortir — pour lui et pour les autres: Sara, Tobie — un plus grand bien *(Tobie 12.13)*. Loin de représenter le pécheur repenti, Tobith est une image du juste souffrant; *ce n'est pas le poisson qui préfigure le Messie, c'est Tobith lui-même*. Le poisson, Azarias et Tobie symbolisent plutôt la Providence, l'intervention «miraculeuse» de Dieu, dont le modèle et le triomphe est la résurrection.

Lorsqu'ils ne furent plus qu'à une journée de marche de Ninive, Azarias et Tobie prirent les devants avec le chien, et galopèrent le plus vite qu'ils purent.

De loin, sa mère, qui surveillait la route comme chaque jour, aperçut Tobie ; elle s'écria : « Mon enfant ! » Tobith entendit son cri et se leva, mais il était aveugle ; tandis que sa femme se hâtait maintenant vers son fils, il ne put que chanceler dans la cour de sa maison. Tobie et sa mère s'embrassèrent en pleurant, mais bien vite Tobie la laissa et courut vers son père ; sur le conseil d'Azarias, pendant qu'il l'embrassait à son tour, Tobie frotta les yeux de son père avec le fiel du poisson qu'il avait attrapé le premier soir de leur voyage. Et les yeux du vieillard s'ouvrirent : « Je te revois, mon fils, lumière de mes yeux ! » s'écria-t-il ; et il se mit à chanter :

*Dieu soit béni !*
*Bénis soient tous ses anges !*
*Béni soit Dieu !*

Tobie raconta à son père toutes leurs aventures en voyage, et comment il s'était marié à la fille de Raguel. Tobith, rayonnant de bonheur, partit aussitôt à la rencontre de Sara qui allait arriver avec le reste de la caravane ; et tous les gens qui le croisaient sur la route étaient émerveillés de voir que ses yeux étaient guéris et qu'il courait comme un jeune homme pour accueillir sa belle-fille.
(Tobie 10-11)

Au cours des nouvelles fêtes de mariage que Tobith organisa sur-le-champ pour son fils, Azarias se leva et dit : « Tobith, Sara, mes amis : la nuit où vous avez prié Dieu de tout votre cœur, du fond de votre détresse, Dieu m'a envoyé pour vous guérir, l'un — toi, Tobith — de ta blessure aux yeux, l'autre — toi, Sara — de ton démon : je suis l'ange Raphaël. »
(Tobie 12. 1-15)

Tous se prosternèrent au pied de l'ange, terrifiés. Mais Raphaël leur dit : « N'ayez pas peur ! Dieu vous aime ! Bénissez-le... et écrivez cette histoire pour faire connaître aux hommes sa force et sa bonté ! » Quand ils se relevèrent, l'ange avait disparu.
(Tobie 12. 16-22)

P11 90 DRAC



## Epilogue

**Cinquante ans plus tard, sentant sa fin prochaine, Tobith appela son fils et lui dit: «Tobie, je suis très vieux et rassasié de jours; ta mère et moi allons mourir bientôt. Tu nous enterreras dans Ninive, ensemble. Mais ensuite, pars au plus vite, avec ta femme et tous tes enfants, au pays des Mèdes. Car la prophétie de Nahum va maintenant se réaliser: l'Assyrie va être détruite, il n'en restera rien.**

**«Ensuite, Juda aussi sera détruit, et même le temple sera pillé, détruit et brûlé. Mais plus tard encore Dieu accomplira sa promesse: un reste reviendra vers Jérusalem, le temple sera reconstruit et du monde entier on viendra pour adorer le Seigneur. Dieu soit béni!»**

**Ainsi mourut Tobith, à l'âge de 112 ans. Peu après, sa femme aussi mourut. Tobie les enterra ensemble. Et aussitôt lui et sa famille partirent en Médie; ils s'établirent auprès de Raguel. Bientôt, Raguel et sa femme moururent, eux aussi. Tobie hérita d'eux comme il avait hérité de son père, et il devint immensément riche. Devenu lui aussi très vieux, il vit s'accomplir la prédiction de Nahum: il vit de ses yeux arriver à Ecbatane les Assyriens faits prisonniers par Cyaxare, le nouveau roi des Mèdes.**

**Tobie mourut à l'âge de 117 ans, rassasié de jours et bénissant Dieu.**

(Tobie 13-14)

### Raphaël et les anges

Raphaël signifie «Dieu guérit»; selon *Tobie 12.15*, Raphaël est l'un des sept «anges supérieurs», ceux qui sont les plus proches de Dieu.

Au départ — et le mot grec qui en est la traduction, *angelos*, «messager», le montre bien — les anges sont des envoyés de Dieu; tantôt ils paraissent humains (comme dans Abraham); tantôt l'expression «l'ange de Dieu» désigne simplement l'action de la Providence.

Sous l'influence culturelle des six «immortels sacrés» du zoroastrisme, il semble que les anges bibliques deviennent eux aussi de «purs esprits», c'est-à-dire des êtres immatériels mais distincts de Dieu, et qui sont à son service. Plusieurs catégories de génies, de héros ou de «monstres» du Moyen-Orient sont intégrés dans la vision juive du monde sous la forme d'anges bons ou mauvais: comme pour les étoiles, le feu ou les fleuves, il s'agit avant tout de montrer que tous ces êtres ne sont pas des dieux, mais des créatures de Dieu.

Cependant, avec le judaïsme tardif et les auteurs chrétiens, ces images de la Providence apparaissent de plus en plus comme des individus réels, et l'on va même, dans les textes non reconnus par l'Eglise, jusqu'à les classer en neuf ordres: Séraphins, Chérubins, Trônes, Dominations, Vertus, Puissances, Principautés, Archanges, Anges.

Aujourd'hui, les croyants sont assez divisés au sujet des anges. En général, et en simplifiant très fortement, on peut dire que les juifs, les orthodoxes, les catholiques et les musulmans y croient fermement, tandis que les protestants n'y croient guère. Mais le protestant Karl Barth (1886-1968) leur attribue un rôle important d'intermédiaire entre Dieu et les hommes, tandis que plusieurs auteurs catholiques voient dans les anges une pure représentation *anthropomorphique*, c'est-à-dire «personnifiée sous forme humaine», d'une réalité intérieure à l'esprit humain. Toutefois, très peu de croyants vont jusqu'à nier l'existence du diable, être immatériel créé par Dieu — donc *ange* — mais révolté contre lui (voir les chapitres consacrés au Nouveau Testament).

### Les prophéties de Nahum

(et voir pp. 818-819).

On ne sait rien de *Nahum*, «Dieu [me] console», le septième des douze *petits* prophètes (*petits* à cause de la brièveté de leurs textes). On croit aujourd'hui qu'il aurait vécu et parlé au nom de Dieu, en Juda, entre 663 et 612 av. JC. Tout simplement parce que ce qu'il dit donne à penser qu'il connaissait, approuvait et soutenait les réformes de Josias de Juda (640-609; voir pp. 846-848), qu'il avait appris le pillage et la destruction de Thèbes, la capitale de l'Egypte, par les Assyriens — en 663 av. JC — et qu'il n'y a aucun intérêt à prédire la chute d'une ville déjà tombée — or Ninive tombe en 612 av. JC (voir p. 834).

En effet, les trois brefs chapitres de Nahum ne font que cela: annoncer comme imminente, définitive et exemplaire la ruine de Ninive:

*Tout est pillé, dépouillé, pilonné*
*Le courage fond, les genoux craquent*
*On tremble de tout son corps*
*Les visages sont cramoisis*
*— Roi d'Assyrie! Ils dorment, ceux qui devraient te garder!*
*Irréparable, ton désastre!*
*Incurables, tes blessures!*
*Et qui entend ce dont tu meurs se réjouit et applaudit!*
*Car dans ta cruauté tu laminais les peuples...*

(*Nahum 2. 11* et *3. 18-19.*)

### Cyaxare, roi des Mèdes (633-584 av. JC)

Le peuple indo-européen des Mèdes, très proche des Perses par la langue et la culture, apparaît dans l'histoire sous le règne du roi Salmanasar III d'Assyrie (858-824 av. JC); venus du nord de la mer Caspienne, ils envahissent les régions nord de l'Empire assyrien, dont ils finissent par reconnaître la suzeraineté. Au VIIe siècle av. JC, Ecbatane devient leur capitale (voir pp. 854-855).

Leur plus grand roi, Cyaxare (633-584 av. JC), s'allie aux Babyloniens contre l'Assyrie; en 614, il prend Assur et, en 612, Ninive. Mais l'Empire mède sera absorbé par le Perse Cyrus II le Grand (558-529 av. JC; voir pp. 944 et suivantes et 1032-1037 et suivantes).

### La valeur du Livre de Tobie

Il semble donc de plus en plus aujourd'hui que l'histoire de Tobie est fictive; qu'elle a été *écrite comme un roman.* Mais si les catholiques incluent cette histoire dans la Bible, c'est qu'à travers ce roman, à leurs yeux, Dieu se révèle de manière privilégiée.

En effet, le sens religieux premier du Livre de Tobie est clair: Dieu est en permanence à l'écoute du monde, et en particulier de ceux qui le prient avec ferveur; à leur insu, il intervient pour eux. Mystérieusement, Dieu est tout-puissant, et *il aime les hommes*, qu'il veut rendre heureux. Message central du judéo-christianisme.

Tobie est en outre un roman édifiant. Par exemple, il encourage aux différentes vertus suivantes: *fidélité* à la Loi, surtout en matière de morale vis-à-vis de son conjoint, de sa tribu, des morts; *espérance* en la Providence; *charité* — mais exclusivement dirigée vers les «frères» juifs, sous la forme de l'aumône notamment.

Par cette dernière restriction, le Livre de Tobie apparaît encore loin de l'Evangile; il en va de même en ce qui concerne son absence de foi dans la vie éternelle: Tobith et Tobie, comme Abraham et les patriarches, sont heureux de mourir simplement «rassasiés de jours», c'est-à-dire ayant vécu assez longtemps et pleinement pour n'avoir plus envie de vivre encore... sinon dans leur descendance.